통하는 사람들의
생산적 대화법

전유강 지음

통하는 사람들의
생산적 대화법

지은이 | 전유강

펴낸곳 | 북포스
펴낸이 | 방현철

1판 1쇄 찍은날 | 2007년 9월 15일
1판 1쇄 펴낸날 | 2007년 9월 20일

출판등록 | 2004년 2월 3일 제313-00026호
주소 | 서울시 마포구 서교동 394-25 동양트레벨 1304호
전화 | 02-337-9888
팩스 | 02-337-6665
전자우편 | bhcbang@hanmail.net

ISBN 978-89-91120-16-7 03320

값 12,000원

대 화 가 · 통 해 야 · 만 사 가 · 통 한 다

통하는 사람들의
생산적 대화법

북포스

사람이 성공하기 위해서는 실력도 중요하지만 인맥도 중요한 영향을 끼친다고 한다. 인맥을 잘 맺기 위한 방편이 바로 대화다. 대화가 통해야 인간관계가 형성이 되고 나아가 인맥이 된다.

말하는 것은 누구나 할 수 있지만 누구나 대화를 잘하는 것은 아니다. 어떤 사람들은 대화를 잘해서 하는 일마다 잘되지만, 어떤 사람은 대화를 잘하지 못해서 하는 일마다 실패하기도 한다. 결국 현대사회는 순수한 실력만으로는 살기가 쉽지 않고 실력을 갖추었으면서 대화를 잘하는 사람을 요구하고 있는 것이다.

저자도 대학을 졸업하고 사회생활을 시작하면서 대화하는 방법을 몰라 좌충우돌했던 적이 있다. 내성적이라서 하고 싶다는 말을 못해 번번이 기회를 놓치고 나서 후회하곤 했다. 하고 싶은 일이 있어도 표현을 제대로 하지 못해서 손해를 보았다. 자기중심적으로 대화를 하다 보니 대화가 통하지 않아서 거절당하는 일이 많았다. 심지어는 대화가 통하지 않아 적이 생기고 인간관계가 막히는 경우도 있었다.

나이를 먹으면서 인생이 안 풀리는 이유를 헤아려보니 결국 통하는 대화를 하지 못했기 때문이라는 사실을 알게 되었다. 우리의 신체가 막히면 체하듯 인생도 통하는 대화가 필요했던 것이다. 그래서 어떻게 하면 인생이 술술 잘 풀리는 대화를 할 수 있을까를 고민하다가 '통하는 대화를 하자'라는 전략을 세우게 되었다.

통하는 대화전략의 기본은 상대방에 대한 이해를 바탕으로 생산적인 대화를 해야 한다는 것이다. 말을 아무리 잘하는 사람도 상대방을 충분히 이해하지 못하고 대화를 하게 되면 결국 자기가 원하는 목적을 얻기가 어렵다. 그것이 바로 말을 잘한다고 해서 꼭 대화를 잘한다고 할 수 없는 이유일 것이다. 상대방에 대한 충분한 이해를 바탕으로 한 대화능력을 갖춘 사람, 생산적인 대화를 할 줄 아는 통하는 사람이야말로 세상 모든 사람들이 만나고 싶어 찾아오는 사람이다.

오늘날 대화는 단순한 인간관계에서만 중요한 것이 아니라 사회생활, 나아가서는 사회를 이끄는 리더나 경영자들에게도 꼭 필요한 덕목이기도 하다. 세계적인 경영 석학인 피터 드러커(Peter F. Drucker)도 "인간에게 있어서 가장 중요한 능력은 자기표현이며, 현대의 경영이나 관리는 커뮤니케이션에 의해서 좌우된다"고 말하여 대화의 중요성을 강조하였다. 과거에는 카리스마형 경영자나 리더가 사회적 이슈였다. 사회가 혼란하거나 큰 변화가 있을 때 카리스마형 경영자나 리더는 탁월한 지도력으로 사회를 이끌어 갔다. 그러나 개인의 존엄성이 중요시되는 현대사회에서는 카리스마형 리더처럼 무조건 '나를 따르라' 는 식의 1인의 확고한 신념만을 믿고 경영을 펼치는 것은 설득력을 잃은 지 오래되었다.

현대사회가 요구하는 경영자나 리더는 직원들을 이해하고 설득하여 조직을 한 방향으로 이끌 수 있는 민주형 리더십이나 서번트형 리더십을 필요로 한다. 그들이 바로 일방적 지시가 아니라 조직원들의 요구를 적절하게 수용하면서 조직을 한 방향으로 이끄는 능력을 가진 사람, 즉 통하는 사람들이다. 결국 인간관계에서도 생산적인 대화를 위해서 통하는 사람이 필요하듯 사회생활에서도 통하는 사람의 생산적 대화가 절실히 필요해졌음을 의미하는 것이다.

굳이 피터 드러커의 말이 아니더라도, 오늘날 대화는 상대방을 설득하고 이해시키고자 할 때 강력한 무기로 각 분야에서 활용되고 있다. 통하는 사람의 생산적인 대화가 절실히 필요한 때인 것이다. 특히 취업을 위한 면접에 임할 때, 직장생활을 처음 시작할 때, 새로운 인맥을 형성하기 위해서, 세일즈맨이 물건을 팔 때, 전 세계 곳곳에서 새로운 제품을 소개하고 기업의 투자를 유치할 때, 강단에서 강의를 할 때, 상담실에서 카운슬링을 하기 위해서도, 연인 간의 사랑을 위해서도 통하는 사람의 생산적인 대화가 빛을 발한다.

이처럼 원하는 목표의 성공 여부를 결정짓는 중요한 요인은 대화에 달려 있다고 해도 과언이 아니다. 지금 모든 일이 원하는 대로 잘되지 않는다면 대화하는 방법을 바꾸어보라고 권하고 싶다. 상대방의 문을 열어 원하는 목적을 달성하도록 하는 생산적인 대화―이것이 사람의 운명도 바꿀 수 있는 시대가 되었다. 이러한 시대에 사회에 꼭 필요하고 각광받는 사람이 되기 위해서는 통하는 대화법을 터득해야 한다.

이 책은 개인은 물론 세상과 소통하는 즐거움을 느끼며 더 나아가 사회적인 성공을 꿈꾸는 이들을 위해서 통하는 대화전략을 처음부터 끝까지 제시하고자 하였다. 부디 이 책을 읽고 통하는 사람들의 세계로 한발 더 다가가 자신의 역량을 충분히 발휘하여 목표를 이룰 수 있기를 바란다.

2007년 9월

일산 서재에서

차례
통하는 사람들의 생산적 대화법

제1장___
소통하려면 원리를 알아야 한다

제2장____
대화 달인들의
통하는 대화법

제3장____
통하는 사람들의
생산적 대화법

제4장____
눈치 못 채게
설득하고 군소리
없이 거절하기

제5장____

통하는 대화는
듣기와 좋은
질문이 결정한다

제6장____

알면 약이 되고
모르면 병이 되는
생산적 대화법

소통하려면
원리를 알아야 한다

말을 시작하기 이전에
생각할 시간이 있다면…

네가 하고자 하는 말이
정말 가치가 있는지…
말을 할 필요가 있는지…

네가 원하는 말을 하여
누군가에게
상처를 주지는 않을지
생각해보라.

___톨스토이

말이 통하면 만사가 통한다

말도 아름다운 꽃처럼 그 빛깔을 지니고 있다.

___E. 리스

우리의 인생은 만남의 연속이다. 부모와의 만남, 또래 집단과의 만남, 선생님과의 만남, 배우자와의 만남, 직장 동료나 상급자들과의 만남 등 살아가면서 수많은 사람들을 만나게 되고 그들과의 관계 속에서 자신이 세운 인생의 목표를 이루어간다.

태어나서 죽을 때까지 만남에서 시작해 만남으로 끝난다고 해도 과언이 아니다. 그렇다면 사람과 사람을 이어주는 만남의 연결고리는 무엇인가? 고리가 연결되려면 서로 통해야만 하는 것처럼 우리의 관계 역시 서로의 뜻이 통해야 한다. 결국 "의사소통이 잘 될 때 좋은 연결 고리가 된다"라고 말할 수 있다.

영유아기에는 말을 할 줄 모르지만 배고픔과 아픔을 몸짓과 소리만으로 표현한다. 아동기가 되면서 비로소 말을 시작하고 자신의 요구를 부모나 친구에게 전달한다. 그리고 상대방에 대한 인식이 강화

되는 청소년기가 되면서 상대방의 의사를 반영하는 대화의 의미를 파악하게 된다. 결국 사람 사이의 의사표현은 몸짓과 소리, 말, 대화 등 모든 것으로 가능하다.

이처럼 우리의 삶은 만남의 연속이고, 만남은 대화로 이루어졌기 때문에 결국 삶은 대화의 연속인 셈이다. 그런데 누구나 매일 만남과 대화를 하지만 어떤 사람은 하는 일마다 술술 잘 풀리는 반면, 어떤 사람은 하는 일마다 잘 안 되는 경우도 있다.

여사원인 A와 B는 IT 회사에 근무하는 입사 동기. A는 팀장이었고, B는 아직 팀원이었다. 근무 성적은 둘 다 비슷하였다.

그러나 A는 직장 내에서 평소 유머 있는 대화를 통해서 인간관계를 잘 맺었고, B는 다소 내성적이어서 진지하고 업무적인 대화 이외에는 하지 않아 동료들과의 관계가 소원한 상태였다.

A는 마케팅에 있어서도 상대방의 요구사항을 정확히 파악하여 갈증을 해결해주는 편이었으나, B는 대화능력이 부족하여 주로 상대방의 이야기를 들어주었다. 그러다 보니 A는 영업에서도 탁월한 실적을 올렸고, B는 확률이 50%였다.

A는 상사와의 대화에서도 자기 자랑이라고 생각하지 않게 은밀하게 표현했지만, B는 상사가 자신의 능력을 알아주기 기다리며 열심히 일만 하였다.

A는 친구관계에서 상대방의 의견을 존중하고 배려하는 태도로 대화를 하여 인기가 높았지만, B는 개인주의 성향이 강해 대화 중 자신의 주장을 굽히지 않아서 친구들이 불편해하곤 한다.

A는 이성관계에서 호감이 가는 남자를 만나면 그가 자신을 좋아하도록 자기표현을 해서 남성들로부터 인기가 높았으나, B는 좋은 사람이 나타나도 자신의 대화방법이 미숙하다고 생각하여 싫고 좋고를 제대로 표현하지 못한 채 마음만 졸이다 후회하는 경우가 많았다.

우리는 앞의 예에서 대화하는 방법이나 요령이 어떠한가에 따라 직장 내에서의 인간관계, 마케팅, 업무, 친구관계, 상사와의 관계, 이성관계 등에서 성공할 수도 있고 실패할 수도 있다는 것을 보았다.

이처럼 대화는 우리 생활 전부를 지배한다. 그러니 자신이 원하는 목표를 달성하기 위해서는 결국 뜻이 통하고 말이 통하는 대화를 할 줄 알아야 한다.

통하면 운명이 바뀐다

미국민을 대상으로 평소 대화를 잘하고 있느냐는 질문을 했다. 그런데 조사 대상자의 10~50%가 다양한 대화기술을 적절히 수행하지 못하고 있다고 대답했다. 즉, 그들은 상대방과 대화할 때 자연스럽게 표현하는 능력이 부족하거나, 질문을 받았을 때 적절한 답을 하지 못하며, 다른 사람과 의견이 불일치할 경우 자신의 관점을 명료하게 전달하는 데 어려움을 겪은 경험이 있는 것으로 나타났다.

이러한 사실은 우리의 일상적인 삶 속에서도 발견된다. 매일 아침 눈을 떠서 잠자리에 들기까지 수많은 대인관계를 맺으면서 살아가는 우리는 상대방의 말을 제대로 알아듣지 못하거나 내가 원하는 바를 잘 전달하지 못해서 오해를 만들곤 한다. 그래서 대인관계가 곤란해지는 경우를 수도 없이 보고 직접 경험하고 있다.

그런데 대화가 단지 두 사람 간의 커뮤니케이션을 방해하여 사회생활의 어려운 요소로만 등장한다면 크게 문제가 되지는 않는다. 대인관계와 더불어 사회적으로까지 문제를 일으킬 수 있기 때문에 걱정인 것이다.

대화능력의 부족은 그렇지 않은 사람보다 더 높은 성격장애, 우울증, 수줍음, 외로움, 불안, 초조, 대인기피증, 사회 부적응으로까지 이어질 확률이 더 높다. 더욱이 학생들에게는 학업능력 저하로 이어지기도 한다는 연구보고가 있다.

결국 대화를 잘하지 못하면 사회생활을 제대로 할 수 없다는 결론이 나온다. 괜찮은 사회생활을 하고 인생을 성공으로 이끌어 가기 위해서는 무엇보다도 대화를 잘해야 한다. 대화를 통해서 성공에 이른 사례가 있다.

미국의 유명한 자선사업가 브루크 애스토어는 뉴욕 시 최고의 명사로 알려져 있다. 뉴햄프셔 주 포츠머스에서 태어난 그녀는 정규 교육을 받지는 못했지만 잡지사 기자로 성공했다. 한 번의 이혼과 두 번의 사별 후에도 그녀는 여러 번 결혼했다. 전 남편 고 빈센트 애스토어는 1959년 사망 후 그녀에게 엄청난 재산을 남겼고, 덕분에 그녀는 자선사업가로 활동하게 되었다. 막대한 재력에 사교성까지 갖춘 그녀는 박물관, 문화재 보호 프로젝트, 문화재단을 통해 활발한 자선사업을 펼쳐나갔다. 또한 뉴욕 시립도서관 관장을 역임하기도 했다. 그녀는 자서전 《발자국Footprints》에서 자신의 성공 비결은 대화에서 시작되었다고 말한다.

그녀는 아주 어릴 때부터 부모로부터 사람들과 원만한 관계를 유지하는 것이 가장 중요하다고 배웠다. 그러기 위해 가장 좋은 방법은—물론 여러 가지가 있지만—대화였다.

"일방적인 의사 전달이 아닌 서로를 배려하는 대화를 통해서만이 참되고 풍부한 교류를 나눌 수 있고 가까워질 수 있다. 단지 생각과 의견을 교환할 뿐 아니라 기쁨과 즐거움, 슬픔과 괴로움도 함께 나누다 보니 자연스럽게 사람들이 몰리고 행운이 찾아오게 되었다."

브루크 애스토어는 대화를 잘함으로써 운명이 바뀌었다. 초등학교도 제대로 나오지 않았지만 만나는 사람마다 대화로 통하여 잡지사 기자로 성공하였고, 뉴욕시 최고의 명사로 알려졌으며, 엄청난 유산을 물려받아 자선사업가로 이름을 날렸다.

그녀는 사람들이 무엇을 원하는지를 정확히 알았다. 그에 따라서 뜻이 통하고 말이 통하는 대화를 하였기 때문에 사람들은 그녀의 제안을 받아들였고, 남들로부터 존경받는 성공한 여성이 된 것이다.

그녀가 대화를 잘하게 된 이유를 분석해보면, 어렸을 때부터 어머니가 어른들의 대화에 함께하게 해주었고 자연스럽게 분위기를 이끌어주었기 때문이라고 한다. 어른들과의 대화에서 언제나 이상한 나라의 앨리스가 된 기분이었지만, 이야기가 점점 더 어려워지고 도무지 이해할 수 없을 때에도 분위기에 매료되었고 대화 속에 더 깊이 빠져 들어가곤 했다는 것이다. 그 시간들은 결국 어머니가 그녀에게 준 가장 소중한 선물이었다. 어릴 때부터 자신이 느끼는 점을 자연스럽게 표현하면서 자랐기 때문에 이 세상 누구와도 진실된 대화를 나눌 수 있는 힘을 갖게 된 것이다.

말을 잘하는 것과
대화능력은 비례하지 않는다

우리나라는 서구의 풍토와 달리 침묵이 강조되는 사회였다. 그래서 '침묵은 금이다', '가만히만 있으면 중간은 간다'라는 말을 자주 썼다. 그러나 정보화사회가 되면서 자신을 잘 표현할수록 대우를 받는 세상이 왔다. 아무리 가진 것이 많아도 말을 잘하지 못하면 결국 자신이 가진 재능을 남들에게 보여줄 수 없는 세상이 된 것이다.

예전에는 침묵만 지키면 2등은 할 수 있지만 섣불리 잘못 말했다간 망신당한다는 의식이 지배했다. 그러나 이제는 사회에서 말을 잘하는 사람을 원하기 때문에 침묵을 지키는 사람보다는 말을 잘하는 사람이 더욱 각광받는 시대가 왔다.

그렇다면 말이란 과연 무엇인가? 사람의 생각이나 느낌을 입으로 나타내는 소리 또는 그 행위나 내용을 의미한다. 영어로는 스피치(speech)라고 하는데, 그 사전적 의미는 '말하기, 말씨, 말투, 발언, 화법' 또는 '말하는 능력'을 통칭하는 단어이다. 영국과 미국인들이 쓰는 스피치는 좁은 뜻으로는 연설로 사용되지만, 넓은 뜻으로는 연설, 웅변, 토론, 토의, 회의, 좌담, 대화, 화술, 화법, 커뮤니케이션 등에 이르기까지 그 범위가 대단히 넓다.

그러나 일반적으로 스피치라고 하면 주어진 시간과 장소에서 다수의 사람을 대상으로 기술적으로 말하는 것을 뜻한다. 따라서 스피치는 자기표현의 수단이며 경쟁시대에 생존할 수 있는 무기이기도 하다.

그렇다면 대화란 무엇일까? 대화(對話)의 사전적 의미는 마주 대하여 이야기를 주고받는 것이다. 영어로는 커뮤니케이션이라고도 한다.

커뮤니케이션은 대화보다 더 넓은 의미로 사용되며, 사람의 언어나 몸짓, 화상 등의 외형적 기호를 매개수단으로 하여 정신적·심리적으로 전달하고 교류하는 작용까지를 가리킨다. 어원은 라틴어의 '나누다'를 의미하는 'communicare'이며, 본래의 뜻은 신(神)이 자신의 덕(德)을 인간에게 나누어준다는 데서 시작되었다. 그래서 오늘날 커뮤니케이션은 어떤 사실을 타인에게 전하고 알리는 심리적인 전달의 뜻으로 쓰인다.

말과 스피치가 상대방의 반응과는 무관하게 일방적으로 하는 것이라고 한다면, 대화나 커뮤니케이션은 사람이 가진 정보, 지식, 생각, 아이디어, 제안을 상대방에게 언어나 몸짓 또는 기호를 통해 전달하고 설득하는 일련의 상호작용 과정을 뜻한다.

따라서 말을 잘한다는 것은 남들이 부러워할 만한 능력이긴 하지만 상대방으로부터 반드시 좋은 결과를 얻을 수는 없다. 하지만 대화를 잘한다는 것은 자신이 가진 정보, 지식, 생각, 아이디어, 제안을 잘 전달해서 상대방으로부터 원하는 결과, 즉 수락이나 동의 등 긍정적인 선택을 끌어내는 것이기 때문에 좋은 결과를 얻을 수 있다.

가끔 TV를 보면 말을 잘하는 아나운서들도 토크쇼에 출연하여 쩔쩔매고 어색해한다. 오히려 말솜씨가 좀 어눌한 개그맨이나 방송인들이 토크쇼를 화기애애하게 잘 이끌어나가곤 한다.

결국 말을 잘한다고 해서 꼭 대화를 잘하는 것은 아니라는 것을 알 수 있다. 스피치는 상대방의 반응과는 무관하게 화자가 일방적으로 하는 것이지만, 커뮤니케이션은 상대방의 반응을 고려하면서 통하려고 노력하면서 하는 것이기 때문이다.

통하는 대화의 기본은
상대방에 대한 이해에서 시작한다

세상을 살다 보면 항상 자기가 원하는 대로 대화가 성사되지는 않는다. 대화를 잘하던 사람도 상황이나 사람이 바뀌면 똑같은 대화를 해도 받아들이는 사람에 따라 전혀 다른 결과가 나타나기도 한다. 서로 생각이 다르거나 작은 오해에 때문에 시작되는 경우가 많다.

그렇다면 오해(誤解)란 무엇인가? 오해는 화자의 대화 내용을 그릇되게 해석하거나 뜻을 잘못 아는 것이다. 즉 오해가 발생하는 이유는 꼭 상대방이 화자에 대하여 부정적인 마음을 가지고 있기 때문만이 아니라, 같은 상징적 메시지를 사용해도 받아들이는 사람마다 제각각 다르기 때문이다. 이처럼 서로가 뜻은 같아도 메시지를 받아들이는 차이 때문에 대화가 통하지 않는 것이다. 또한 대화가 통하지 않는 다른 이유로는 화자의 전달방법, 즉 대화방법에 문제가 있는 경우가 많다.

《화성에서 온 남자 금성에서 온 여자》의 저자는 남자들은 화성에서 오고 여자들은 금성에서 왔기 때문에 서로 대화가 잘 통하지 않는다고 말한다. 남자와 여자는 서로 다른 곳에서 삶을 살아왔기 때문에 대화에 차이가 있었지만, 처음에는 서로가 좋아하는 감정 때문에 차이가 나는 것이 오히려 좋았다고 한다. 그리고 화성에서 온 사람과 금성에서 온 사람이 서로 다른 언어를 사용한다는 사실을 모르는 사람이 없었기에, 일단 그들 사이에 갈등이 생기면 섣불리 싸우거나 상대방을 비난하지 않았다. 우선 각자 행성의 관용어 사전을 펼쳐놓고 서로를 보다 깊이 이해해보려는 노력을 했기에 갈등도 없었다는 것이다. 그래도 잘 안 되면 통역관을 찾아가 해결했다.

하지만 시간이 점차 지나면서 그들은 다르기에 좋았다는 꿈에서 깨어났고, 서로의 차이점이 점점 지겨워져 충돌이 시작되었다. 결국 남자와 여자는 대화가 통하지 않게 되었다.

이 책에서 보듯이, 오해나 갈등이 생기지 않으려면 서로의 다른 부분에 대해서 충분히 이해하려는 마음을 가지고 대화를 해야 한다.

그렇지만 현실에서 시종일관 이렇게 대화를 하는 것은 쉽지 않은 일이다. 실제로 우리가 연애할 때나 신혼일 때는 서로를 이해하려는 마음이 강하기 때문에 대화가 잘 통하지만, 어느 정도 시간이 지나면 일상에 젖어들어 편안함을 쫓고 상대가 무조건 이해해주기를 바란다. 서서히 대화의 폭은 좁아지고 오해가 생기고 이로 인해 갈등이 생기고, 결국엔 대화가 통하지 않게 되는 것이다.

상대방을 이해하려는 마음이 없는 상태에서 이루어지는 대화는 오해를 부르기 십상이다. 그럴 때는 차라리 대화를 하지 않는 것이 좋다. 상대방의 다른 부분에 대해서 이해하지 않고 나의 주장만을 편다면, 그것은 갈등을 불러일으키고 결국에는 오해가 쌓여 씻지 못할 전쟁이 되기도 하며 원하는 것과는 정반대의 결과가 나타나기도 한다. 오해 때문에 사랑하는 사람과 이별하고, 평생 후회하는 사람은 또 얼마나 많은가.

아침 TV 프로그램을 보면, 행복한 가정보다는 가정불화로 인해 이혼위기에 처한 부부문제를 해결해주는 내용이 많다. 매 맞는 아내, 바람피우는 배우자, 의처증과 우울증에 걸린 부인이나 남편의 이야기들이 많다.

이러한 문제가 있는 부부들의 상황을 들여다보면 하나같이 공통점이 있다. 원인을 제공한 사람에게 물어보면 모두 자기 입장에서 자기 의견만 내세우고 있다는 점이다.

분명 대화는 하고 있지만 그들은 상대방의 말을 듣고 있지 않은 것이다. 그러니 상대방에 대한 배려가 있을 리 없다. 그렇기 때문에 부부간에 문제가 생기고, 갈등과 우울증 나아가서 이혼으로 발전하는 것이다.

반면에 신혼부부들이 나오는 프로그램에도 공통점이 있다.

"너무 행복해 보여요? 그 비결이 무언가요?"

진행자가 이렇게 물으면 그들의 대답은 의외로 간단하다.

"그냥 져주는 거죠."

"복종하고 삽니다."

"상대방을 이해하고 사랑하기 때문이지요."

이것이 비단 부부문제에만 국한된 것은 아닐 것이다. 결국 부부뿐만 아니라 모든 인간관계에서 통하는 대화를 하고 싶으면, 내가 먼저 상대방을 배려하고 이해하려고 노력해야 한다.

대화의 달인은 만들어진다

사람들은 말이나 대화를 잘하는 사람을 보면, '저 사람은 원래부터 그랬을 거야.' 또는 '저 사람은 태어날 때부터 말을 잘했을 거야'라는 착각을 하고 있다. 이러한 생각이 정말 착각이라는 사실을 알려주는 사례가 있다.

영국인들에게 가장 존경하는 사람이 누구냐고 물으면 아마도 처칠을 꼽을 것이다. 처칠은 해가 지지 않는 대영제국이라는 거만함에 빠져 있던 영국에게 커다란 시련을 안겨준 제2차 세계대전을 성공적으로 이끈 수상이다. 전쟁을 승리로 이끈 수상이라는 수식어 보다 더욱 놀라운 사실은, 그가 노벨 문학상을 수상하였고 또한 명연설가라는 점이다.

처칠은 태어날 때부터 말을 잘했을까. 아니다. 오히려 말을 못해서 정말 문제가 되었던 사람이다.

처칠의 할아버지는 아일랜드 총독으로 근무했다. 그에 따라 아버지 말버러 공작 7세가 비서로 일하는 바람에 처칠은 아일랜드에서 어린 시절을 보내야 했다. 아버지 말버러 공작 7세는 재무장관 및 하원의 보수당 당수를 역임하였으며, 어머니는 《뉴욕타임스》의 최대 주주이자 미국의 부호로 꼽혔던 제롬가의 딸이었다. 그러니 윈스턴 처칠은 남들 눈에는 부유한 가정에서 태어나 남부러울 것 없이 탄탄대로를 걸은 사람으로 보였을 것이다.

　하지만 그에게는 남모르는 아픔이 있었다. 그는 두 달 일찍 태어난 조산아로서 지능발달이 늦어 학교생활에 적응하지 못하고 장난감 병정놀이에 여념이 없는 어린 시절을 보냈다. 그의 아버지는 처칠을 가문의 수치로 여겼고 이는 어린 처칠에게 많은 상처를 주었다. 아버지는 정신착란이 시작된 이후에는 처칠에게 더욱더 심한 폭언을 서슴지 않았다. 아버지와의 관계가 최악으로 치달았을 때 그의 아버지는 숨을 거둔다. 부유한 미국인이었던 어머니 또한 어린 처칠을 돌보기보다는 자신만의 쾌락을 추구하여 좋지 못한 소문을 몰고 다녔다.

　게다가 팔삭둥이로 태어난 처칠은 태어날 때부터 몹시 병약하여 수많은 병을 달고 다녔으며 열한 살 때는 죽음의 문턱까지 다녀왔다. 그는 숨을 거두는 순간까지 여러 병마의 그림자에서 한 순간도 벗어난 적이 없었다. 체격 역시 왜소하기 그지없었는데 키는 167㎝, 가슴둘레는 겨우 79㎝이었다. 체격적 왜소함은 그에게 크나큰 콤플렉스였다.

　무엇보다 놀라운 것은 위대한 연설가로 인정받고 있는 처칠이 혀가 짧았으며, 몇몇 발음들을 제대로 발음하지 못했고, 말더듬증도

있었다는 사실이다. 또한 그는 학창 시절에 학업 성적이 꼴찌에 가까
웠다. 성적이 나빠 대학 진학을 못했으며, 육군사관학교를 지원했지
만 두 번 떨어지고 세 번째에야 겨우 합격하였다. 더군다나 그는 선
거전에서 가장 많은 패배를 경험한 정치인으로 기록되어 있다.

그러나 그는 인생을 쉽사리 포기하지 않았다. 그는 짧은 혀로 인하
여 발음이 안 되는 단어를 걸을 때마다 중얼거리며 연습했고, 수많은
책을 읽으면서 주옥 같은 문장들을 외워 대화에 사용하였다. 무대공
포증을 없애기 위해 웅변 기술을 끊임없이 연마했고, 즉석에서 말하
는 것이 서툴렀던 그는 명연설들은 미리 원고를 써서 암기하였다. 군
에 입대하면서 체력 훈련에 몰두하여 신체적인 허약함을 이겨내려
애썼으며, 학문에 대한 열등감은 하루 다섯 시간이 넘는 독서와 연구
를 통해 자신만의 지식체계를 만들어갔다.

그는 소심한 성격을 극복하기 위해 전쟁에 참가해서는 가장 치열
한 전투에 자진해서 몸을 던졌다. 결국 그는 제1차 세계대전 때 해군
장관에 임명되어 영국 해군을 이끌고 막중한 과업을 달성했다. 제2차
세계대전 때는 나치의 위협 아래서도 전 영국인들의 역량을 결집하
여 영국을 지켜낼 수 있었다.

처칠은 이러한 삶의 자세로 영국에서 두 번이나 수상을 지낸 정치
가이자 웅변가로 명성을 날렸으며, 바쁜 정치생활을 하면서도 수많
은 강연을 했고, 20여 권이나 되는 훌륭한 저서를 집필하여 노벨문학
상을 수상했다. 죽어서는 금세기 최초로 왕족 이외에 '국장'으로 장
례가 치러졌고, 지금까지도 '가장 위대한 영국인'으로 불리고 있다.

그가 이처럼 험난하고 불행했던 어린 시절을 극복하고 영국을 대

표하는 대정치가가 되어 전 세계 사람들에게 존경받을 수 있었던 것은 약점과 모자람을 극복하려고 끊임없이 노력했기 때문이다.

말이나 대화를 잘하는 능력은 태어날 때부터 간직하고 나오는 것이 아니라 결국은 본인의 엄청난 노력의 결과이다.

세상 어느 누구라도 말을 잘하고 싶으면 노력해야 한다. 하루에 한 번씩이라도 대화요령을 연습하면 한 달 뒤에는 몰라볼 정도로 변화한 자신의 모습을 발견하게 될 것이다.

대화방법은 인간관계에서 배우는 것이다

사람이 혼자만 세상을 살아가야 한다면 대화는 필요가 없을 것이다.
그러나 사람은 사회적 동물이기 때문에 타인과의 관계 없이는 살 수
가 없다. 더욱이 대화는 피할 수 없는 숙명이다. 말이나 대화를 잘하
기 위해서는 많은 경험을 쌓아야 한다. 말을 잘하는 사람도 말을 하
지 않는 기간이 길어지면 길어질수록 말하는 능력을 상실하게 된다.
이렇듯 사람이면 모두 다 말을 잘할 수 있을 것 같지만 사람도 말을
하지 않는 환경에 오랫동안 놓이면 결국은 말을 잃어버리게 된다.

결혼하면서 사회생활을 그만두고 전업주부로 전향한 C가 있다. C
는 직장을 다닐 때는 예쁘고 명랑했을 뿐만 아니라 남들과의 감칠맛
나는 대화로 인기가 많았다. 그러나 C는 취업 후 단 한 번도 쉬지 못
하고 일에만 매달렸기 때문에 결혼과 동시에 일을 그만두고 집에서

쉬고 싶었다. 그러나 10년을 가정에서 현모양처로 생활하다 30대 후반에 들어선 C는 아이들이 학교를 다니면서 혼자 있는 시간이 많아짐에 따라 다시 사회생활을 시작하고 싶었다. 직장을 구하기란 하늘의 별 따기였지만 무엇보다도 가장 큰 문제는 바로 자신감이었다. 오랫동안 집에만 있었기에 사람들을 만나 자신 있게 대화할 수 있다는 자신감을 상실한 것이었다.

멋지게 사회인처럼 말을 하고 싶었지만 사회에서 쓰는 말이 생각이 나지 않았다. 하루에 그 친구가 사용했던 단어는 기껏해야 몇 개가 되지 않았다. 항상 보는 식구들과 이웃, 친척들 그리고 마트 점원 등하고만 말하다 보니 그다지 전문 용어도 필요 없고 단순 단어만 반복했던 것이다. 그때서야 친구는 아차! 싶었다. 대화를 잘하고 싶어도 내가 속한 사회의 범위와 인맥에 따라 나의 대화수준도 달라진다는 것을 깨닫고 집에서만 대화에 충실했던 자신이 후회스러웠다.

누구나 다 말을 잘하는 것이 아니라 자라난 환경에 따라서 말을 못할 수도 있다. 말이나 언어는 사람이 속한 그 사회의 문화에 의하여 습득한 당연한 기능이기 때문이다. 특히 말이 인간관계 속에서 부대끼며 배워가는 것이듯 대화를 잘하는 것도 그렇다.

부단한 인간관계 속에서 대화하는 방법을 배우고, 실수를 통해서 점차 발전해가는 것이 대화능력이다. 그러나 무작정 대화의 경험이 많다고 대화력이 증가하는 것은 아니다. 매일 대화를 하면서도 대화능력이 나아지지 않는 것은 주의를 집중지 않고 대충 하기 때문이다.

따라서 대화를 잘하는 사람들과의 대화를 통해 상대방의 장점을 배우고, 나의 단점을 줄여가려는 노력을 하면서 서서히 대화의 달인이 되어가는 것이다. 이런 사람이야말로 사회가 원하는 사람이며 인간관계를 잘 맺고 누구나 가까이 하고 싶은 사람이 된다. 결국 대화 능력이 향상되어가는 것이 인간의 바른 성장이라고 할 수 있다.

목적을 알면 대화방법이 보인다

말은 일방적으로 하는 것이기에 독백처럼 아무 목적 없이도 할 수 있다. 그러나 대화는 상대방과의 상호작용이므로 뚜렷한 목적이 있다. 그 목적이 무엇이냐에 따라 대화하는 방법과 순서가 달라야 한다. 목적이 다른데도 똑같은 방법으로 대화를 한다면 좋은 결과를 얻기가 힘들다. 따라서 정확한 대화의 목적을 알고 그에 따라 조리 있는 대화를 진행하면 통하는 대화를 할 수 있다. 통하는 대화를 하기 위한 대화의 목적은 다음과 같다.

정보를 나눈다

대화의 가장 중요한 기능은 바로 화자와 상대방 간의 생각과 정보의 교환에 의한 정보 획득이다. 정보나 생각을 교환하는 데 있어 대화만큼 좋은 도구가 없을 뿐더러 대화를 하기 전에 정보나 생각을 정확히 알지 못하고서는 대화가 제대로 이루어질 수 없기 때문이다.

상대방과의 대화를 의미 있게 만들려면 자료를 정보로 변환시키는 능력이 높아야 한다. 널려 있는 자료를 유용한 정보로 변화시켜 대화하는 방법은 다음과 같다.

첫째, 대화 중에 주어진 문제를 해결하는 데 도움이 될 만한 자료를 선택하여 관련이 없는 부적절한 자료를 제거한 후 대화에 활용하는 방법이다. 즉 좋은 정보를 나누는 대화가 되기 위해서는 필요한 정보만을 추출해서 유효적절하게 구성해야 한다.

둘째, 여러 곳에 산재해 있는 자료를 보다 유용하게 사용하기 위해서 종합하거나 요약해서 사용하는 것이다. 즉 대화 중 상대방이 자료를 정확하게 인식하려면 자료를 종합하거나 요약을 잘해야 한다.

셋째, 대화 결과를 오도할 수 있는 예외 사항에 초점을 맞추고 그것이 의미하는 바를 설명하거나 이해하기 쉬운 형태로 바꾸어 표현하는 것이다. 즉 상대방이 오해하지 않고 바르게 이해하기 위해서는 정확하게 설명하거나 쉽게 이해되도록 사전에 준비를 하고 대화에 임해야 한다.

결국 대화에서 정보의 제공 및 획득은 가장 기본적인 것이며, 서로에게 도움이 되어야 한다. 그러나 대화가 공통적인 생각과 정보의 교환 및 획득기능을 수행하지만, 화자와 상대방에 따라서 정보의 수준에 차이가 생기기도 한다.

대화를 통한 정보의 제공에 있어서 화자는 상대방의 환경에 대한 배려가 많을수록 대화를 효과적으로 이끌어 갈 수 있다. 먼저 상대방의 마음의 문을 열고, 상대방이 가지고 있는 정보를 진솔하게 이끌어 내야 한다. 즉 상대방의 학력, 경제적 배경, 지식의 보유량 등에 따라서 화자는 그에 맞는 정보를 제공해야 하며, 정보 제공을 요구해야 한다. 만약 상대방의 개인적 배경을 무시한다면 화자가 제공하는 정보가 필요 없는 것이 되어버려 결국에는 대화 자체가 의미가 없어질 수도 있다.

문제를 해결한다

아무리 위대한 사람이라도 살아가면서 고민 한두 가지쯤은 있다. 남들이 보면 대수롭지 않은 고민부터 죽고 사는 문제까지 고민은 다양하다. 사람들은 항상 자기 문제, 내 괴로움이 가장 크다고 생각한다. 세상에 부러운 게 없을 것처럼 보이는 사람도 개인적으로 고민이 있다. 남들이 보면 대수롭지 않은 문제도 본인에게는 깊은 고민이 되는 것이다.

우리가 그 문제를 해결할 수 없는 이유는 그것에 정면으로 맞서 문제를 해결하려 하기보다는 회피하거나 다른 사람의 도움으로 해결하려는 성향이 강하기 때문이다. 사람들은 고민을 다른 사람들과의 대화를 통해 위로받고, 해결책을 찾고 싶어 한다.

사람들은 대화를 통해서 도움을 필요로 하는 사람과 도움을 줄 수 있는 사람이 마음을 주고받으며 문제를 해결해가거나 마음적인 위안을 얻게 된다. 문제 해결에 어떤 원칙이 있는 것은 아니다. 또한 대화 자체가 개인적인 특성을 바탕으로 하고 있기 때문에 정형화된 방법이 있는 것도 아니다.

그러나 대화를 요구하는 사람의 고민을 듣고 대화를 통해 문제를 해결하기 위해서는 먼저 공감대를 형성해야 한다. 처음 만난 사람이라면 상대방이 자기 신상에 대하여 스스로 이야기할 수 있도록 자연스럽게 이끈다. 그리고 고민이 무엇인지 들어본다. 이 단계에서 잘 듣지 않으면, 화자가 말하는 사실을 왜곡하여 오해의 가능성이 생길 수 있으므로 진지하게 들어야 한다.

이 단계에서 화자는 상대방의 감정 표현을 촉진시키고 제시된 문제를 구체적으로 정의할 수 있도록 대화를 유도해야 한다. 아울러 그 문제에 엉킨 상대방의 감정 및 생각을 탐색하고 정리할 수 있어야 한다.

그러나 문제가 무엇인지 파악하는 것은 그리 쉽지 않다. 상대방은 자신의 이야기를 하면서도 자신의 문제조차도 파악하지 못한다. 따라서 화자는 상대방의 대화 속에서 그가 속한 신체적·물리적 환경은 어떠한지, 상대방의 심리와 지적·기능적 발달수준, 대인관계 수준은 어느 정도인지, 또한 가족 및 기타 환경은 어떤지, 상대방의 대화에 대한 기대와 동기는 어느 정도인지를 정확히 알아야 명쾌한 대화가 이루어질 수 있다.

문제를 파악했다면 문제를 해결하는 방법을 알려준다. 이때 상대방 중심으로 대화하며 해결책을 제시하는 것은 피하는 것이 좋다. 왜냐하면 상대방의 문제는 하루이틀에 생겨난 것이 아니고 그의 삶 속에서 단련된 사고방식이나 행동 형태이기 때문에 화자의 대화가 쉽게 받아들여지기 힘들다.

또 상대방의 문제가 화자로서는 이미 해결할 수 없을 경우나 다른 감정적인 문제로 대화를 지속할 수 없는 경우가 생긴다. 그럴 때에는 다른 사람이나 전문가에게 의뢰하여 대화를 정리하는 것도 유용한 방법이다.

감정전달에 사용한다

대화는 화자와 상대방이 서로 자신의 감정을 전달하는 데 유용하게 사용된다. 특히 상대방을 설득하거나, 좌절한 상대방에게 용기와 희망을 주거나, 상대방과의 관계를 더욱 돈독하게 유지하거나, 분열과 불화를 뛰어넘어 단합과 친목을 도모하는 것도 대화를 통해서 가능하다.

대화는 상대방의 감정을 알게 해줌으로써 사람들의 삶을 풍성하고 아름답게 만들어준다, 특히 자신의 감정 전달은 상대방과의 관계에서 활력소가 될 수 있도록 해준다.

감정전달은 아무것이나 하는 것이 아니라 상대방에게 부담이 되지 않는 선에서 해야 한다. 상대방의 상황이나 좋아하는지 좋아하지 않는지를 고려하지 않고 너무 솔직한 감정전달을 하게 되면 상대방이 곤란해할 것이다. 예를 들어 상대방이 좋은 감정을 가지고 있지도 않은데 사랑한다는 표현을 하면 오히려 역효과를 가져온다.

좋은 인간관계를 만들어준다

사회생활은 인간관계의 시작이다. 사람 사는 세상을 인간(人間)이라 한 것은 사람들 사이에 적당한 거리가 있음을 의미한다. 그 거리가 멀고 가까운 정도에 따라 소원하고 친밀한 관계가 형성된다.

우리는 그런 관계를 인간관계 또는 인맥이라 하고, 서양 사람들은 휴먼 릴레이션(human relation)이라고 한다.

인간관계가 개인이 지닌 능력 이상의 힘을 발휘하여 세상살이의 성패를 좌우할 때가 많다.

미국 카네기 멜론 대학에서 흥미로운 조사결과를 발표한 적이 있다. 사회적으로 성공한 사람들 1만 명을 대상으로 성공의 비결을 물어보았다.

그런데 종래의 성공조건이라 믿어왔던 지적 능력이나 재능이 성공에 미치는 영향은 불과 15%에 지나지 않았으며, 나머지 85%의 성공 요인은 바로 인간관계였다는 것이다. 조사 결과를 정리하면 아무리 지적 능력과 재능이 뛰어나더라도 인간관계에 대한 능력이 부족하면 성공을 이루기가 어렵다는 것이다.

직장동료들과의 원만한 관계를 맺지 못하고, 따돌림을 당하는 직장인들은 사회성 부족이 큰 원인일 것이다.

통상적으로 인간관계가 좋은 사람을 사회성이 좋다고 하며 사회활동, 집단 활동을 즐기며 친구가 많고, 협동적이며, 인정이 많고, 남과 의견이 잘 맞으며, 충돌이 적은 특성을 가지고 있다고 본다. 반면에 사회성이 좋지 않으면 사회활동을 기피하고, 수줍어하고 고독을 일삼는 특성이 있다.

사회성이 부족하여 인간관계를 맺는 데 어려움이 많은 사람은 대화를 통해서 자신의 정확한 인간관계 습관을 분석하고, 자신의 대화가 상대방과 인간관계를 맺는 데 무엇이 장점이고 무엇이 단점인지를 파악해야 한다. 그에 따라 장점은 살리고 단점은 줄여서 좋은 인간관계를 맺을 수 있도록 노력해야 한다.

결국 대화는 좋은 인간관계를 맺는 방법을 배워 사회성 좋은 사람으로 생활할 수 있게 해준다.

나의 대화능력은 얼마나 될까?

대화능력(communication competence)은 대화를 잘하는 능력이다. 그 능력은 여러 가지 복합적인 기술들로 구성되어 있다. 대화를 잘하기 위해서는 효율성, 적절성, 유동성 측면 등 세 가지 측면을 고려해야 한다.

효율성은 자신이 하는 대화가 자신이 정한 목표 달성을 위하여 최소의 비용으로 얼마나 최대의 효과를 얻을 수 있는가를 고려하는 것을 가리킨다. 대화에서조차 효율성을 따지는 것이 어색할지도 모른다. 그러나 사람을 만나서 대화를 통해 자신이 정한 목표에 도달하기 위해 필요 이상의 비용과 시간을 들인다면 그것은 낭비가 된다. 따라서 대화에서도 되도록 최소의 시간과 비용을 들여서 빠르고 정확하게 자신이 정한 목표에 도달하는 것이 매우 중요하다.

적절성은 상대와의 대화에서 적절한 언어를 구사하여 상대방의 동의나 대화를 부드럽게 이끌어 가는 것을 고려하는 것이다. 사람들은 각각 살아온 환경적 요소가 다르기 때문에 그들에 맞는 대화를 적절하게 구사할 때 대화를 잘한다고 한다. 사람의 환경적 요소로는 상대방의 학력, 경제력, 친화력, 대화력, 학습력, 지식 등 다양한 요인이 있다. 적절성은 상대방에게 얼마나 대화 규칙, 에티켓, 재치, 공손함을 지키면서 대화를 하고 있는지 평가되는 것이기도 하다.

유동성은 상대방과 대화하면서 자신의 대화 목표를 상황에 따라서 유동적으로 변화시킬 수 있는가를 고려하는 것이다. 사람들은 항상 같은 마음을 갖고 있는 것이 아니라 자신이 처한 상황에 따라서 마음이 변한다. 예를 들면 대화 도중에 화자의 말이 마음에 들지 않으면 마음을 닫아버리고 원하는 목표에 도달하는 게 점점 어려워진다. 이러한 경우에는 처음의 대화 자세에 변화를 주어 상대방의 마음을 변화시킬 수 있도록 대화가 진행되어야 한다. 또한 평상시에는 남의 말을 잘 들어주는 사람도 불쾌한 일을 당해서 대화에 몰입하지 못하는 경우에도 예전의 대화 자세에서 상대방의 마음을 편하게 해줄 수 있는 대화 자세로 바뀌어야 한다. 이러한 것을 유동성이라 한다.

특히 대화능력이 필요한 것은 화자와 상대방이 서로 갈등상황에 놓여 있는 경우이다. 갈등 상황에 있는 상대방의 기분을 고려하면서 내 자신이 원하는 목표를 달성해야 하는 상황이기 때문이다. 이러한 갈등상황은 이해관계로 맺어진 조직 내 관계에서 발생할 수 있을 뿐만 아니라 부부나 친구들 사이에서도 빈번하게 발생한다. 앞으로 영원히 보지 않을 것이라면 갈등상황을 무시하면서 상대방이 기분 나빠해도 하고 싶은 말을 다할 수도 있겠지만, 진정으로 대화를 잘하는 사람이라면 갈등상황을 해결할 뿐만 아니라 자기가 원하는 목표를 달성하고 말 것이다.

직장 내에서의 작은 상황을 예로 들어보자. 상사가 자신에게 무리한 부탁을 한 경우, 상사이기 때문에 그의 요구에 따랐다면, 자신의 대화 적절성 차원은 충족시켰지만, 자신이 원하지 않는 요구를 받아들였으므로 효율성 차원에서는 실패한 것이다. 반면에 상사에게 노골적으로 반대하여 자신이 원하는 만큼의 일만 하게 된 경우에는, 자신의 목표를 달성하였으니 효율성 차원은 충족시켰지만, 상사와의 대화에서 위계질서 규칙을 깨뜨렸기 때문에 적절성 차원에서는 실패했다고 할 수 있다. 이처럼 갈등상황에서는 적절성과 효율성 달성 수준이 대화능력을 좌우하는 중요한 차원이 된다.

물론 위에서 예를 든 상황은 이해관계가 내재된 조직 내의 갈등상황이지만, 이러한 적절성과 효율성의 마찰은 이해관계가 내재되지 않은 친구 간의 갈등상황에서도 충분히 나타날 수 있다.

대화의 힘은 숫자나 계산으로 측량할 수 없다. 가끔은 대화의 결과에 대해 당장은 자신이 손해 본 것 같은 느낌이 들겠지만 상대는 당신의 상황을 분명 기억할 것이며 다음의 만남을 당신은 기대해도 좋을 것이다.

내가 먼저 상대에게 '얼마만큼을 어떻게 주었느냐?'에 따라 그만큼 되돌아온다는 것을 기억해야 한다. 서로에 대한 배려와 마음을 열고 이해관계로 전환할 때 그에 비례하는 마음의 감동이 우리의 삶을 충족의 기쁨으로 채워준다.

대화는 나이, 직위, 학력, 연령, 부, 성별에 상관없이 누구에게나 필요한 인간관계의 필수요소이다.

인간관계뿐 아니라 계약을 체결하거나, 회의를 할 때 ,학습을 할 때에도 대화는 중요한 역할을 한다. 또한 부부관계와 가정생활에 있어서도 아주 중요한 요소이다.

대화를 잘하기 위해서는 대화 훈련을 해야 하는데, 그러기 위해서는 나의 대화능력이 어느 정도인지 먼저 알아야 한다. 그래야 어느 부분이 약한지를 파악해 정확한 훈련 목표를 잡을 수가 있다. 아직 표준화된 진단 질문이 없어 학자들마다 조금씩 다른 견해를 보이고 있지만 맥락은 비슷하다. 다만 대상에 따라 질문의 내용이 조금씩 다를 수 있다.

대화는 얼마든지 향상시킬 수 있는 역량이며, 실제적인 방법이다. 또한 대화는 사람이 사는 모든 영역에서 필요한 능력이다. 인간관계나 학습에서의 내적인 자각이 있거나 외부로부터 대화의 필요성이 인식될 수도 있다.

대화능력을 향상시키기 위해서는 대화의 방법을 배우고 실제로 생활 속에서 연습해보아야 한다. 역할극이나 상황극을 통해 연습할 수도 있고, 주제를 두고 대화하면서 피드백을 통해 할 수도 있다. 그 중에서 가장 우선적인 것은 자기 스스로의 대화능력 자가진단이다.

대화능력 평가	5	4	3	2	1
1. 나는 대화를 시작하기 전에 무슨 말부터 할 것인지를 결정하고 한다.					
2. 나는 상대의 말을 한 번 들을 때, 정확하게 이해하는 편이다.					
3. 나는 말을 할 때 정확히 하는 편이다.					
4. 나는 들을 때 핵심내용을 파악하려고 애를 쓴다.					
5. 나는 상대의 얘기를 들을 때 귀 기울여 듣는 편이다.					
6. 의견이 맞지 않으면 상대방의 말 뜻을 먼저 파악하려고 애쓴다.					
7. 나는 상대방의 말을 끝까지 듣고 대답한다.					
8. 상대의 속사정을 잘 이해하는 편이다.					
9. 상대의 이야기 중에 틀린 부분을 대체로 지적하지 않는 편이다.					
10. 다음 말을 잇기 위해 신중히 생각한다.					
11. 나는 대화할 때 상대방의 눈을 쳐다보며 대화한다.					
12. 내가 잘 이해할 수 없는 말에는 자세히 이야기해달라고 요청한다.					
13. 내가 하고 싶은 얘기보다 상대방이 하고 싶은 이야기에 더 귀 기울인다.					
14. 상대가 하는 말이 잘 아는 내용이라도 끝까지 잘 듣는다.					
15. 나는 대화와 관련이 없는 말이라고 생각할지라도, 상대의 말에 초점을 잃지 않는다.					
16. 나는 상대가 말을 마치기 전에 그가 무엇에 관심을 갖고 있는지 예상한다.					
17. 만일 내가 상대에게 그가 말한 것을 다시 하거나 분명하게 해줄 것을 요청한다면, 그것은 내가 제대로 대화하지 않았다는 것을 보여주는 것이다.					
18. 나는 상대와 잘 통하기 때문에 종종 상대의 말을 내가 대신 마무리 지어준다.					

19. 나는 상대가 말하려고 하는 것을 이미 알고 있다면, 대화의 신속한 진행을 위해 말을 중단시킨다.			
20. 나는 상대가 나의 의견과 반대되는 정보를 제시해도 계속 대화할 수 있다.			

모두 표시했으면, 'O'이라고 답한 것이 몇 개인지를 세어본다. 'O'이라고 답한 것이 19개 이상이면 대화능력이 대단히 우수하며, 17~18개이면 뛰어나고, 12~16개면 평균 이상이다. 8~11개이면 평균이다. 그리고 9개 이하이면 대화능력을 향상시키기 위해 정신 집중과 훈련이 반드시 필요하다. 대화능력 없이는 아무리 성공하려고 해도 성공할 수 없고, 원하는 결과가 좋지 않은 것은 당연한 일이다.

대화능력이 되지 않으면, 자신의 말을 정리하는 것조차 힘든 게 사실이다. 이런 사람들은 좋은 선생님과 비싼 대화 컨설팅보다는 체계적인 대화 훈련을 통해 마음의 자세와 기본적인 듣기 연습을 먼저 해야만 한다.

서로 다른 습관과 생각을 가진 타인끼리 만나서 서로의 마음을 이해하고 배려하며 대화한다는 것은 그리 쉬운 일이 아니다. 그렇기 때문에 많은 이들이 사랑하는 사이임에도 불구하고 다툼이 발생한다. 이는 서로가 너무 가깝기 때문에 오히려 소홀하거나 내 생각을 강요하는 경우에 많이 나타난다. 대화가 내면화되고 습관화된다면 서로의 말과 마음에 귀 기울이게 되어 마찰을 피하는 것은 물론 이해의 폭이 넓어짐으로써 보다 성숙한 관계가 될 수 있을 것이다. 그러기 위해서는 자신의 경청능력은 어떠한지 스스로 질문해보고 점검을 해야한다.

셀프 커뮤니케이션이
대화의 달인을 만든다

커뮤니케이션은 원래 자신과 타인을 이해하는 과정에서 나타나는 상
호작용을 바탕으로 이루어지는 것이 기본이다. 가끔은 자신과도 대
화를 하는데, 이처럼 자신과의 대화를 셀프 커뮤니케이션이라고 한
다. 셀프 커뮤니케이션은 끊임없는 학습과 성장을 위한 자극제가 될
뿐만 아니라 자신을 성찰할 수 있는 기회를 준다.

　여성 앵커로서 성공의 자리에 우뚝 선 백지연은 호소력 있는 냉정
한 화법을 구사한다. 그녀는 대화를 잘하는 방법으로 "나 스스로와의
커뮤니케이션에 먼저 성공해야 한다"고 하였다. 나 스스로와의 커뮤
니케이션은 바로 자기를 설득하는 능력, 즉 셀프 커뮤니케이션을 말
하며, 자기를 설득하는 능력은 바로 자기 자신에 대한 믿음에서 출발
한다고 하였다.

　건강보조식품, 껌, 박하사탕 등을 생산하는 제약회사 '워너램버

트' 의 CEO인 로드윅 J.R. 드 빙크는 성공비결을 묻는 사람들에게 항상 자기 자신과의 대화에서 성공이 시작되었다고 말한다. 그는 일을 하는 도중에 스스로에게 이런 질문을 하곤 했다고 한다.

"나는 지금 어디쯤 가고 있는가?"

"내가 살고 싶은 길은 무엇인가?"

"내가 올바로 가고 있는가?"

그리고 매일 퇴근길에는 자기 자신에게 이렇게 물었다.

"나는 오늘 무슨 일을 했는가?"

"어떻게 하면 좀 더 잘할 수 있을까?"

이 질문에 대한 답을 구해서 실천했기 때문에 성공했다고 한다.

일반적으로 사람들은 누구나 자신이 가지고 있는 욕구나 문제의 해결을 위해서 스스로에게 질문하고 답변하는 대화를 한다. 그렇지만 누구나 원하는 목표에 도달하거나 성공하는 것은 아니다.

셀프 커뮤니케이션을 못하는 사람들은 어떤 대화에 대하여 자신에게 질문을 던지기는 하였지만 거기에 대한 답을 내리지 않거나 못하는 사람들이다. 반면에 셀프 커뮤니케이션을 잘하는 사람들은 자신의 질문에 대하여 답을 규명하려는 노력을 하고 그에 대한 답을 준다. 전자의 경우는 대부분 평범한 생활을 하는 사람들에게서 발견될 수 있는 현상이고, 후자의 경우는 대부분 진취적이고 성공한 사람들에게서 발견할 수 있는 현상이다.

이처럼 셀프 커뮤니케이션은 자신의 인생이나 직업 또는 목표를 효과적으로 달성하기 위해서 하는 자신과의 대화로서 셀프 커뮤니케이션을 잘할수록 성공에 이르기가 쉽다는 것을 알 수 있다.

대화를 잘하는 사람들의 특징을 보면 상대방과의 대화가 이루어지기 전에 자신과의 커뮤니케이션을 많이 한다고 한다. 자신과의 대화를 잘하는 사람은 생각이 깊을 뿐만 아니라 말도 신중하게 한다는 것을 느낄 수 있다. 무슨 말이든지 하기 전에 자신에게 먼저 물어보고 자신이 설정한 대화가 상대방에게 어떤 영향을 미칠 것인가를 고려하여 대화를 하기 때문이다. 결국 대화를 잘하는 사람일수록 셀프 커뮤니케이션을 잘한다.

대화를 잘하기 위한 셀프 커뮤니케이션은 다음과 같다. 대화를 잘하려면 대화하는 도중에 스스로에게 다음과 같은 질문을 던져보면 확실히 효과가 있다.

· 상대방은 어떤 의도에서 말하고 있는 걸까?
· 상대방은 나의 대화에 대하여 동의하고 있는 걸까?
· 상대방과 대화를 하는 목적은 무엇일까?
· 상대방을 어떻게 하면 편안하게 대할 수 있을까?
· 상대방이 나를 받아들이는 데 장애물은 무엇일까?
· 상대방의 대화에서 내가 동의하고 있는 것은 무엇일까?
· 상대방의 대화가 나의 대화의도를 정확히 이해하고 있는 걸까?
· 상대방이 내가 해줬으면 하고 바라는 말들은 무엇일까?
· 상대방의 대화에서 내가 아는 것과 모르는 것은 무엇일까?
· 상대방의 대화에서 내가 알아야 하는 것은 무엇일까?
· 상대방에게 신뢰감을 얻으려면 어떻게 말을 시작해야 할까?

· 상대방이 내가 원하는 목표에 도달하게 하려면 어떻게 해야 할까?

· 상대방이 나의 말에 동조하게 하려면 어떻게 말을 해야 할까?

· 상대방에게 내가 하는 말이 부담은 되지 않을까?

· 내가 원하는 방향으로 대화가 진행되고 있을까?

· 내가 대화를 끝냈을 때 어떤 결과가 나올까?

이상과 같은 질문들을 대화 도중에 자기 자신에게 묻고 준비하면서 대화를 한다면, 자연스럽게 통하는 대화의 달인이 될 것이다.

듣는 것만이 대화가 아니다

모기업의 화상 전화기 광고를 보면 여러 출연자들이 나와 똑같이 '사랑해' 라는 말을 한다. 얼굴을 보지 않고 목소리로 들으면 다 똑같은 내용이지만 화상 전화기를 통해 보면 사람마다 다른 의미가 내포되어 있다.

그 광고에서 7명의 남녀노소가 사랑해~! 라고 말하지만 그들의 속마음은 각각 다르게 표현되었다.

20대 여자가 쪽~! 소리를 내면서 말하는 "사랑해!"는 '보고 싶어'의 의미였으며, 심각하게 목소리를 내리깐 20대 청년의 "사랑해!"는 '오빠 못 믿니?' 라는 의미였으며, 턱을 치켜든 아내가 협박하는 듯한 목소리로 하는 "사랑해!"는 '바람피우면 죽는다' 는 의미였으며, 입이 찢어지게 웃는 젊은이가 말하는 "사랑해!"는 '여보 나 취직했어~' 의 의미였으며, 중년의 아저씨가 눈치를 보면서 말하는 "사랑해!"는 '여보 돈 좀 줘' 라는 의미였으며, 연세 지긋한 할아버지가 말하는 "사랑해!"는 '죽을 때까지 같이 있어줘' 라는 의미였으며, 눈물을 머금은 여인의 슬픈 목소리 "사랑해!"는, '가! 아니, 가지 마!' 라는 복합적인 뜻을 담고 있었다.

저자도 광고를 보기 전까지 '사랑해' 라는 단어의 의미가 몇 가지로 사용된다는 사실에는 공감을 했지만, 이처럼 사랑한다는 말의 숨은 뜻이 다양하다는 사실에서 많은 것을 배웠다. 우리는 사람이 말한 '언어' 에 대해서만 이해하려고 했지 그 언어에 담긴 내면적인 의미를 간과하며 살고 있다.

대화를 잘하려면 상대방의 표정과 상황을 고려해서 대화를 해야 한다는 사실을 이 광고는 보여준다. 같은 말이지만 말하는 사람의 표정에 따라 매우 다른 의미가 있기도 하고 때로는 정반대의 의미가 있다는 사실을 유의해야 한다. 그리고 많은 사람들이 속마음을 숨긴 채 말한다는 사실도 명심해야 한다.

따라서 대화를 잘하기 위해서는 상대방의 속마음이 무엇인지, 그 말에 내포된 의미가 무엇인지를 먼저 알아야 한다. 한마디로 공감적 커뮤니케이션이 이루어져야만 서로의 대화가 아름답게 발전해갈 수 있다는 것이다.

공감이란 타인의 생각이나 의견, 감정 등에 대하여 자신도 그러하다고 느끼는 감정이다. 때문에 우리는 대화하면서 먼저 상대방의 입장에서 듣고 생각하는 습관을 길러야 한다. 공감의 힘은, 상대의 입장에서 보면 자신의 처지나 속마음을 털어놓고자 하는 마음을 갖게 하고 목적한 바를 달성할 수 있도록 한다. 그래서 대화를 통해 서로의 뜻을 성공적으로 이끌어 갈 수 있게 한다. 만약 그렇지 못한다면 상대방의 마음을 여는 대화를 하기 어려울 뿐만 아니라 혼자 이야기하는 것과 마찬가지가 돼버릴 것이다. 결국 상대방은 마음의 문을 닫아버리고 원하는 결과를 얻기가 어려울 것이다.

생산적인 대화의 길을 찾는 데 있어 중요한 사실 하나를 우리는 알아야 한다. 그것은 바로 비언어적 커뮤니케이션이다.

비언어적 행위는 언어 외에 모든 물리적 방법의 커뮤니케이션으로 보디랭귀지라고도 한다. 보디랭귀지를 우리말로 하면 '몸으로 하는 말'인데, 세분화하면 태도, 자세, 제스처, 표정, 시선 등으로 나눌 수 있다. 비언어적 행위는 화자가 이해, 수용, 간호하는 데 있어서 상대방에게 반응하는 것이다. 그것은 볼 수 있는 교류의 일부이다.

머리를 끄덕이는 것, 자리를 내어주는 것, 주먹을 쥐는 것, 팔을 잡아주는 것, 손가락을 돌리는 것, 무겁게 숨 쉬는 것, 식은땀을 흘리는 것 등이 모두 비언어적 행동의 형태이다. 언어적 커뮤니케이션은 선택하는 것이다. 우리들은 말을 하거나 침묵하는 것 중에서 선택하여 대화를 한다. 특히, 비언어적 커뮤니케이션은 민감한 사람에게는 뜻 깊은 의미를 전달한다.

다시 말하면 침묵하는 것 역시 비언어적 대화에 속한다는 것이다.

비언어적 행위는 타인에 의해서 지각되고 해석된다. 가령 우리가 대화하면서 비언어적 행위와 언어적 행위가 섞인 메시지를 보낸다면 수용자는 흔히 위장과 통제가 부족한 비언어적 행위를 더욱 중요시하게 된다. 가령, 지금 당신 앞에 있는 상대가 "나는 네가 좋아"라고 말하면서 얼굴 표정을 찌푸리고 있다면, 당신은 진정으로 상대가 당신을 좋아한다고 생각할 수 있을까? 분명 아닐 것이다. 상대의 입에서 나오는 단어가 들리기 전에 얼굴 표정이 먼저 보이기 때문일까? 입은 거짓말을 할 수 있어도 사람의 표정은 감정을 가식화하기 힘들기 때문이다. 따라서 올바른 대화를 하기 위해서는 우리의 눈과 귀, 마음과 몸 모두를 열고 대화에 집중해야 한다.

비언어적 대화의 중요성이 큰 만큼 다른 생각을 하면서 마치 잘 듣고 있는 것처럼 위장해서는 안 된다. 물론 위장이 되기도 어렵다. 단어 하나하나가 아니라 상대방이 무슨 메시지를 전달하고자 하는지 맥락을 파악해야 한다. 자칫 잘못하여 그 사람과는 다시 입을 열기조차 싫어지는 경우를 만들지 말아야 하기 때문이다. 언어적 비언어적 메시지는 존경과 이해를 반영한다. 그러하기에 이 두 행위를 일치시키기 위해서는 존경, 이해, 자기노출을 나타내는 신체적 단서를 바로 인식해야 한다. 다음과 같은 지침서를 보며 도움이 되기를 바란다.

눈은 더 많은 것을 말한다

이야기를 시작하거나 끝낼 때 당신이 말하거나 듣는 동안 상대와 눈을 맞추면, 어떤 자리 어떤 경우 그리고 상대가 누구든 당신은 대화에서 성공할 수 있다. 대화 도중에 결코 허공이나 바닥을 보아서는 안 된다. 그것은 상대방에 대한 실례이며 대화를 단절시키는 원인이 된다. '눈은 입보다 더 많은 말을 하고 있다.' '청춘남녀의 사랑은 눈의 교감으로부터 싹튼다' 는 말이 있다.

사랑을 소재로 하는 드라마들을 보면, 남녀 간의 사랑은 눈빛만 보아도 이미 그들의 관계 진전을 예측할 수 있다. 고혹적인 분위기 속에서 "당신을 사랑합니다"라는 틀에 박힌 말보다는 오히려 따뜻하고 애절한 눈빛 하나만으로 심장이 녹아내릴 듯한 때가 있다. 대화보다 눈이 더 강력한 파워를 가지고 있다는 걸 보여준다.

우리가 너무나 잘 알고 있는 로미오와 줄리엣의 이야기도 마찬가지다. 이 두 남녀는 서로의 눈 맞음에서 애틋한 사랑이 싹터 끝내는 많은 사람들에게 그리움의 상징물로 기억되는 감동적인 사랑 이야기를 들려주었다. 이렇듯 우리 삶의 모든 만남은 서로의 눈 맞음에서 시작된다.

눈을 바라보는 것은 "나는 당신에게 관심 있어요. 당신의 이야기를 듣고 싶어요. 나에게 말해주세요"라는 의미를 나타낸다. 시선 처리 하나로 상대방에 대한 애정과 진실성이 표현된다. 주의집중에 눈이 절대적으로 중요한 작용을 한다는 것을 명심하자. 그러나 너무 지속적으로 눈을 빤히 쳐다보면 상대방이 불편해할 수도 있으니 주의해야 한다.

얼굴 표정에도 여러 가지 감정이 있다

상대방은 말하는 사람의 얼굴 표정에 대단히 민감하다. 사람은 자신의 감정을 나타낼 때 자신도 모르게 안면 표정을 이용하기 때문이다. 따라서 대화의 흐름과 상반되는 표정 표현은 상호작용을 둔감하게 하거나 상대방에게 불쾌한 느낌을 주므로 역효과를 내기 쉽다.

화자의 얼굴 표정은 상대방의 언어적 비언어적 표현에 일치하는 것이 아니고 화자 자신의 언어적 표현에 일치해야 한다. '당신을 보니 기뻐요.' 하면서 이마를 찌푸린다거나 '당신은 지금 중요한 결정을 해야만 해요.' 하면서 미소를 짓는다면 어떤 결과가 나올까?

화자의 얼굴 표정이 대화 내용과 관련이 없다고 느끼면 상대방은 화자가 어떤 갈등을 겪고 있다고 느낄 것이다. 때로는 상대방이 말하는 것 때문에 화자가 강한 긴장감을 느끼고 있다고 생각할 수도 있다. 화자의 반응이 상대방을 혼돈시킨다면 원하지 않는 결과를 가져올 가능성이 높다.

보편적으로 대화를 할 때 화자가 웃는 얼굴을 하는 게 좋다. 특히 상대방에 대한 관심을 표현하려면 말보다는 웃는 모습이 더 효과적이다. 당신의 방긋 웃음은 일단 상대방의 긴장을 풀고 호감을 주고 대화하고 싶은 마음으로 유도한다.

나의 밝은 표정은 곧 주의를 밝게 해주고 우리의 삶을 밝게 해준다. 웃는 얼굴에 누가 침 뱉으랴.

좋은 자세가 마음을 열게 한다

자세는 대화에 있어서 상대방에 대한 이해와 존경하는 마음을 표현하는 데 사용된다. 성실한 모습으로 관심을 표현하려면 상대방을 향해 머리는 약간 앞으로 기울이고 상체는 앞으로 향하게 한다. 그러면 '당신이 무슨 의미를 표현하든지 나는 수용할 준비가 되어 있다'는 자세가 된다. 허리를 뒤로 뻣뻣하게 세우면 건방진 느낌을 받을 수 있다. 팔짱을 끼거나 다리를 버티고 서거나 하여 폐쇄적 마음을 나타내는 자세는 피하는 것이 좋다.

화자는 대화 도중에 상대방이 무슨 말을 하는지에 대해 관심이 있고 잘 이해하고 있다는 것을 상대방에게 전달하도록 노력해야 한다. 따라서 상대방이 대화를 하는 도중에 적당하게 고개를 끄덕거리는 움직임과 자세는 상대방을 격려하고 대화에 주의를 기울고 있음을 의미한다.

상대방과 대면하여 앉을 때는 직각으로 앉지 말고 조금 비스듬하게 앉는 것이 관심과 존경심을 표현하는 자세이다. 앉을 때는 의자에 상체를 기대는 것보다는 조금 앞으로 상체를 기울이며 앉는 것이 부드러운 분위기를 만들어낸다. 또한 두 손을 무릎 위에 가지런히 놓고, 상대에게 집중하는 자세는 열린 마음을 나타낸다.

상대방과 마주앉아 이야기하는데 상체를 뒤로 기대어 앉는 것은 '난 당신의 말에 관심이 없어.' '당신의 말이 지루해' 라는 거부의 의사 표현이 되기 쉽다. 따라서 의자를 테이블에 붙이고 상체를 약간 앞으로 내밀며 상대를 대하는 건 관심 있다는 표현이다.

상대방이 대화할 때 턱을 고이거나 팔짱을 끼고 말하는 것은 자신이 긴장하고 있거나 방어적인 태도를 취하고 있다는 것을 나타낸다.

신체접촉은 대화를 촉진한다

신체의 접촉은 화자와 상대방 간에 좋은 관계를 조성하는 데 중요한 방법이다. 신체적 접촉은 언어보다 개방적 관계를 촉진시키고 편안함을 준다. 따라서 처음 만나면 악수를 통해서 신체 접촉을 하는 것이 좋으며, 친숙한 사이라면 대화 도중에 화자의 손을 상대방의 머리, 어깨, 팔 등에 놓으면 상대방은 따뜻함, 불안감 해소, 긴장감 감소

등을 느낄 것이다. 그러나 친숙하지 못한 사이에 상대방의 신체에 손을 올리는 것은 오히려 역효과를 낼 수 있으므로 주의해야 한다.

"몸가짐은 각자가 자기의 모습을 비추는 거울이다."

___괴테

존경받는 상사의 통하는 대화법

부하의 잘못도 관대하게 받아들여라

직장생활을 하다 보면 부하의 잘못에 대하여 유난히 트집을 잡고 인격적으로 모독을 하는 상사가 있다. 잘못한 사람이 완전히 포기하고 시인할 때까지 다그치다 보면 상대방도 더 이상 자신의 잘못을 인정하기보다는 변명을 털어놓거나 반발하게 되어 극한 상황으로 치닫기도 한다. 따라서 상대방을 혼내려면 핏대를 세우며 일일이 따지는 자세를 버리고 '그럴 수도 있다'라고 관대하게 받아들여라.

부하의 험담을 하는 것은 사람을 잃는 것이다

옛 말에 남자는 자신을 알아주는 사람에게 목숨을 바치고 여자는 자신을 사랑해주는 사람에게 몸을 바친다는 말이 있다. 상사라고 해서 직원들에게 부하의 험담을 스스럼없이 하다 보면 지금까지 믿고 따르던 부하직원의 불신이 높아진다. 불신이 높아지면 상사가 잘못되기를 바라게 되고 업무도 대충 하고 언제든 떠나고 싶은 마음으로 직장생활을 하게 되므로 결국 자신에게 손해가 되어 돌아올 것이다. 부하의 험담은 본인만이 알아야 하고 꼭 필요하다면 인사에 반영해야 한다.

부하를 질책하려거든 칭찬부터 해라

자신을 질책하는 소리는 듣고 싶어 하는 사람은 없다. 듣기 싫어하는 걸 알면서도 질책하면 결국 적을 만들게 된다. 따라서 지적할 게 있으면 질책이라고 느껴지지 않도록 단맛으로 포장해야 한다. "잘못한 일이 많아"라고 말하기보다는 "이렇게 하면 더욱 좋아 보여"라고 말하고, "이 따위로 일할 거야"라고 말하는 대신 "평소에는 안 틀리던데 이번에는 뭐가 잘못된 거 같아"라고 말하자. "절대 하지 말라" 대신 "그렇게 하지 않는 것이 당신에게 이익이야"라고 바꾸어 말하면 듣는 사람도 크게 불쾌하지 않을 것이다.

넘겨짚을수록 진심이 줄어든다

직책이 높아질수록 부하직원의 말을 끝까지 듣지 않고 넘겨짚기를 좋아한다. 그러나 아무리 경험이 많거나 머리가 좋은 사람도 남의 마음을 다 헤아릴 수는 없기 때문에 말을 넘겨짚으면 터무니없는 오해로 대화가 단절될 수도 있다. 부하직원은 부하직원대로 항상 넘겨짚는 상사의 표정만 봐도 마음의 문을 닫아걸고 진심을 보이지 않을 것이다.

가르치려고 하면 도망간다?

사람들은 천성적으로 누군가를 가르치고 싶어 한다. 더욱이 상사가 되면 부하직원에게 훈계하고 가르치기를 좋아하는 습성이 생긴다. 하지만 사람들은 나이가 들수록 남에게 가르침을 받는 것을 좋아하지 않는다. 상사가 가르치려고만 하면 부하직원은 도망가버리거나 한쪽 귀로 듣고 한쪽 귀로 흘려보내려고 할 것이다.

부하직원을 꼭 가르쳐야 한다면, 알아듣기 쉬운 말로 "이런 식으로 한번 해보면 어때?"라고 부드럽게 말해보자.

인사를 받으려면 부하들에게 먼저 인사한다

상사가 되면 부하직원들에게 대접받기를 원할 때가 많다. 아침에 출근해서도 직원들이 인사할 때까지 기다리는 경우가 많다. 인사를 하지 않으면 요즘 젊은 것들은 버릇이 없다고 훈계를 하거나 불편한 마음을 감추지 않는다. 그러나 요즘에는 솔선수범하는 상사가 존경받는다. 부하직원이건 동료건 먼저 인사하면 오히려 미안한 생각이 들어 다음에는 먼저 인사를 할 것이다.

신입사원일수록 인내로 격려하라

대부분의 상사들은 처음 신입사원을 받으면 자기가 신입사원이었던 때는 생각하지 못한다. 그래서 신입사원의 행동이 마음에 들지 않으면 바로 지적해버린다. 그러면 신입사원은 직장생활에 주눅이 들고 상사를 두려워해 더 많은 실수를 하게 된다. 만약 상사가 일정한 기간 동안 실수를 해도 격려를 아끼지 않는다면 신입사원은 자신을 인정해주는 상사를 위해 열심히 일할 것이다.

회사에 대해 불평하면 부하가 배운다

상사도 사람이기 때문에 직장이나 임원에 대한 불만이나 부정적인 표현을 할 수도 있다. 그러나 혼자만 생각한다면 몰라도, 부하직원들 앞에서 불만을 터뜨리면 부하직원들도 똑같이 동조하고 나설 것이다. 부하직원에게 부정적인 모습을 가르쳐서는 안 된다.

인정받는 부하직원의 통하는 대화법

책임질 수 있는 말만 해라

사회생활을 하다 보면 상사나 동료들에게 자신을 자랑하고 싶어진다. 있는 것을 자랑하는 것이야 그렇다 쳐도, 할 수도 없거나 하지 않은 일을 불려서 말하면 곤란하다. 상대방이 무심코 지나쳐버리지 않고 기억해둔다면 언젠가 난처한 입장에 빠질 수도 있다. 결국 스스로 자기 무덤을 파게 되는 것이다.

상사의 험담을 하는 것은 무덤을 파는 것과 같다

직장 내에서는 상사의 말을 함부로 하면 안 된다. 직장생활에서 남들이 무심코 내뱉은 상사의 험담을 전달하거나 흥미거리로 삼아서는 안 된다. 나아가 자기에게 불편하거나 질책을 했다고 해서 상사에 대한 좋지 못한 이야기나 험담을 하면 반드시 상사의 귀에 들어가고 만다. 아무리 사실이라도 험담 듣기 좋아하는 사람은 없다. 상사는 이러한 불쾌감을 인사상의 불이익이나 인간관계에 반영하할 것이다. 상사의 이야기를 즐기는 사람은 결국 자신의 무덤을 파는 것과 같다.

남에게 책임을 전가하지 말라

직장에서의 갈등은 대부분 책임 전가적인 발언에서 비롯된다. 일을 잘못하는 사람일수록 남에게 책임을 전가하는 경우가 많다. "동료 직원들이 지원을 안 해주어서 못했다.", "인력이 부족해서 못했다.", "예산이 부족해서 일이 안 되었다"는 등의 책임 전가성 발언을 한다. 그러나 일을 잘하는 직원일수록 이렇게 말한다. "내가 최선을 다하지 못해서 일이 잘못되었다. 다음에는 더욱 열심히 해서 더 좋은 결과를 만들겠다."

모르면 이해될 때까지 열 번이라도 물어라

처음 입사하면 모르는 것투성이다. 직원들에 대한 호칭은 어떻게 해야 하는지, 누가 상사인지, 자신이 어떤 일을 해야 하는지조차 모를 수밖에 없다. 그래서 궁금증이 많지만 막상 상사가 업무를 지시하면 창피해서 아는 척하고 넘긴다. 그리고 나서 동료들이 물어보면 몰라서 쩔쩔매기도 한다. 결국 업무를 성공시키지 못하여 상사에게 무능력한 직원으로 찍힌다. 따라서 신입사원이 모르는 것은 당연하다. 충분히 이해될 때까지 물어서 업무를 익혀야 한다. 잠시의 창피함으로 영원히 능력 있는 직원으로 인정받을 수 있다면 물어보는 것을 두려워해서는 안 된다.

칭찬이나 감사의 표현을 할수록 사람이 따른다

신세대 사원일수록 개인주의 성향이 강해서 자신만 아는 경향이 있다. 그래서 상대방의 행동에 대해서 칭찬하는 것이나 감사의 표현을 해야 하는 때에도 인색한 경우가 많다. 그러다 보면 평소에는 예의가 바른 사람일지라도 직원들에게 무례한 사람이라는 인상을 줄 수 있다. 따라서 직장 상사나 동료들을 만나면 어떻게든 장점을 찾아내 칭찬해주거나, 본인을 배려해주는 행동에 대해서 감사하는 습관을 길러야 한다. 만나는 사람마다 칭찬을 해주고, 좋은 행동에 늘 감사하면 동료들에 모여들 것이다.

사람마다 좋아하는 음식이 다르듯 좋아하는 말도 다르다

사회생활을 많이 해보지 않은 직원일수록 자기 위주의 대화를 하다 보니 상대방을 고려하지 않고 일방적으로 똑같은 대화를 하곤 한다. 사람마다 좋아하는 음식이 다르듯 좋아하는 말도 다르기 때문에 대상이나 상황에 따라서 대화 내용을 골라가면서 해야 한다. 상대방의 입장을 고려해서 말을 해주는 사람을 만나면 감칠맛 나는 사람이라고 인정받아 주변에 사람이 모이게 된다.

품위 있는 말은 자신의 인격을 나타낸다

요즘 젊은이들은 사회에서 통용되는 표준말을 사용하기보다는 간편하게 쓰는 언어나 은어에 익숙하다. 또한 친구들하고 쓰는 언어는 잘하는데 사회에서 쓰는 언어가 익숙하지 않아 직장 상사들하고 대화할 때도 상소리를 하거나 특유의 은어를 사용하여 상사가 낯을 붉히는 경우가 있다. 결국 친구들끼리만 쓰는 말은 자신의 품위를 떨어뜨리기 쉬우니 대화방법을 세련되게 만들도록 노력해야 한다.

자신을 낮춰 겸손하게 말하라

젊은 직원일수록 자신감이 넘치다 보면 자신에 대해 과장되게 말하거나 자랑하기 쉽다. 사람들은 자신을 자랑하는 사람을 보면 아무리 훌륭해도 사람이 덜 되었다고 생각한다. 따라서 자신이 아무리 잘하는 것이 있다고 해도 자신을 직접 높여서 자랑하는 것은 동료를 적으로 만드는 행위가 된다. 따라서 사회에서 대화할 때는 자신을 낮춰서 겸손하게 말해야 된사람이라고 인정받을 것이다.

힘 있게 자신 있게 말하라

신입사원일수록 직장 내의 분위기에 적응하느라 목소리가 기어 들어가는 사람이 있다. 그러면 상대방은 말하는 사람이 자신감이 없다고 생각하여 우습게 여길지도 모른다. 어리버리하게 보이면 회사

생활에서 정서적으로도 손해를 보게 된다. 따라서 자신 있고 소신 있게 말하는 습관을 길러야 신입 사원이라고 남들이 우습게 생각하지도 않고, 함부로 대우받지 않을 것이다.

이숙영 아나운서가 권하는 대화의 기술

1. 먼저 말하지 말고 들으라.
2. 눈을 마주치고 정성껏 귀를 기울이라.
3. 웃는 얼굴로 맞장구치라.
4. 겸손을 무기로 삼아 상대방의 마음을 열라.
5. 적절한 칭찬으로 상대방을 무장해제시키라.
6. 나를 제물로 삼아 상대방을 웃기라.
7. 대화 중 모르는 것은 모른다고 하라.
8. 가까운 사이일수록 존중하라.
9. 중언부언하지 말고 요점만 말하라.
10. 책과 신문을 통해 다양한 목소리를 들어라.

편안하면 통한다

말은 못해도 대화는 잘할 수 있다? 참 아이러니한 말이 아닐 수 없다. 어떻게 말을 못하는데 대화를 잘할 수 있을까? 그러나 실제로 말은 잘 못하면서도 사람들의 마음의 문을 열고 원하는 결과를 얻어내는 사람들이 우리 주변에는 많다. 특별히 말을 많이 하기보다는 편안한 분위기에서 경청하는 기술이 뛰어나기 때문이다.

어려서부터 함께 자라온 나의 절친한 친구 김 부장은 평상시에는 말이 어눌하다는 평을 자주 듣는다. 그래서 회사의 공식석상에서 발표하는 것을 보면 누구나 한마디씩 한다. "도대체 저 정도의 직급에서 저렇게 말을 못하는 사람이 있을까?" 하는 정도이다. 그러나 사석에서 만나면 모든 동료직원들은 물론 상사나 아랫사람들이 모두 김 부장을 찾는다. 김 부장이 잘생기거나 밥을 잘 사는 것은 아니지만 그저 사람들을 만나면 진심으로 안부를 물어주고 걱정해주는 편안한 분위기를 가진 사람이다. 그러다 보니 회사 내에서 그 어떤 사람보다도 인기 있는 사람이 되었고 사람들을 모이게 한다.

그의 성공비결은 말을 잘하는 것이 아니다. 그저 사람들이 편안해할 수 있는 분위기를 만들고 그들의 말을 충분히 경청하고 감동하는 자세를 보일 뿐이다.

〈TV는 사랑을 싣고〉〈아침마당〉 등의 프로그램에서 깔끔한 진행과 정감 어린 목소리로 시청자들의 사랑을 한 몸에 모으고 있는 아나운서 이금희 씨는 《나는 튀고 싶지 않다》라는 책을 쓸 정도로 편안한 분위기를 좋아한다. 일부에서는 촌스러운 아나운서라는 말도 하지만 그만큼 어느 누가 보아도 쉽게 만날 수 있는 편한 분위기가 마음을 푸근하게 한다.

이금희 씨는 말도 잘하지만 그런 분위기 때문에 남녀노소 누구에게나 호감을 준다. 그녀가 인터뷰하는 모습을 보면 마치 상대방을 빨아들이는 스펀지가 연상된다. 초대 손님들은 하나같이 매체에 처음 출연하지만 이금희 씨의 질문에 대하여 TV라는 매체를 인식하지 않고 아주 편안하게 대화가 이루어진다.

그녀가 이처럼 편안하게 대화를 이끌어 가는 방법을 분석해보면, 상대의 말을 온몸으로 경청하는 듯한 표정과 상대의 기쁜 감정, 슬픈 감정을 그대로 받아들여 공감하고 있음을 나타낸다. 상황이 어려운 분들이 출연하여 눈물을 흘리면 금세 이금희 씨도 눈가가 젖어 있다. 이러한 모습에 출연자들은 더욱 자신을 알아주고 동감하는 그녀에게 누구나 마음을 터놓고 말하고 싶은 충동을 느끼고 자신의 이야기를 풀어간다는 것이다. 그녀만의 튀지 않는 화술이야말로 상대의 마음을 열게 만드는 최고의 기술인 셈이다.

당당하면 통한다

편안한 분위기로 사람들의 대화를 이끄는 이금희 씨와 상반되는 대화를 하는 여성으로는 단연 백지연 씨를 따를 사람이 없다. 그녀는 보이는 것처럼 항상 깔끔하고 단정한 도시적 이미지로 똑 떨어지며 차가운 느낌을 준다.

그녀는 언론계에서도 대단한 경력이 있다. 수습 5개월 만에 맡은 9시 뉴스 앵커, 9시 뉴스 최장수 진행 기록, 최초의 프리랜서 앵커. 개인의 이름을 타이틀로 건 최초의 뉴스 프로그램 진행 등 '대한민국 앵커의 역사는 백지연 전과 후로 나뉜다'는 평가를 받고 있다. 또한 서울 모 대학의 여대생을 대상으로 조사한 가장 닮고 싶은 여성 1위로 뽑히기도 했다.

한국에서 여성 앵커의 위상을 확고히 정립하고 21세기 대한민국 커리어 우먼의 전진 방향을 새롭게 제시한 백지연 씨는 카리스마나 포스 같은 단어가 가장 잘 어울리지만, 그녀 자신의 대화 방법은 성실함을 키워드로 꼽는다.

앵커 백지연의 이미지하면 차가워 보인다, 냉철해 보인다라는 느낌이 대표적이다. 방송활동을 할 당시에는 자신의 차갑다란 이미지를 대수롭지 않게 받아들였다. 하지만 앵커에서 교수로, 교수에서 사업가로 활동영역을 넓히면서 그러한 이미지를 다시 점검하는 게 불가피하게 느껴졌다. 이미지의 재정립을 통해 그녀가 깨달은 것은 자신에게 '차가움'에 더해 '따뜻함'까지 있었더라면 인생은 어떻게 변화했을까라는 것이었다.

저서 《나이스 포스》에서 백지연 씨는 내면의 힘을 갖추어 자기 자신을 설득했다면 이제는 세상을 설득할 힘을 길러야 할 차례라고 역설하고 있다. 그에 더해 20여 년간 방송 및 인터뷰어로서 활동하며 깨달은 상대와 진심으로 소통하고 상대방을 이끌 수 있는 방법들을 털어놨다.

그녀는 이미지의 '차가움'을 보완할 수 있는 따뜻한 개념, 즉 '나이스(nice)'를 통해 세상과 소통하고 세상에 나를 알릴 수 있는 힘을 길러보자고 제안한다. 저자가 제안하는 그 힘은 스스로에 대한 재점검에서부터 시작된다. 상대를 설득하고 상대에게 자신을 알리기 위해선 진실된 소통이 필요한데, 사람과 사람 사이의 진정한 소통을 위해선 힘(force)만 있어서도 안 되고 단순히 나이스한 속성만 있어서도 안 된다. 표현은 부드러우면서(nice) 내재된 강력한 파워가 있는 '세상이란 무대에 자기 자신의 위치를 포지셔닝하는 힘'을 뜻하는 '나이스 포스(nice force)'가 필요하다는 것이다.

또한 세련된 외모에 걸맞는 세련된 목소리와 당당한 표정과 자세는 대화에서도 자기 자신을 당당하게 느끼게 함으로써 사람들을 모으고 이끌도록 하는 데 충분하다.

솔직하면 통한다

아나운서 이숙영 씨는 아침 방송만 20년을 했다. 그녀는 아침 방송을 통해 출근하는 사람들의 가슴에 톡톡 튀는 재미를 선사해 많은 사랑을 받았다. 그녀의 거침없는 말과 솔직한 감정표현은 당시의 여성 청취자들에게는 가히 파격적이었다. 톡톡 튀고 개성 넘치는 화술은 그녀를 성공한 여성의 대열로 올려놓기에 충분했다. 그녀의 장수 비결은 한결같은 솔직함이다.

이숙영 씨는 《맛있는 대화》라는 책을 통해서 그녀가 방송에서 직접 만난 유명인들의 바람직한 화법이나 다양한 분야의 사람들과 교류를 통해 깨닫게 된 내용을 들려주었다. 그녀는 "일상에서 말을 많이 하지 않고 묵묵히 상대방의 이야기를 듣는 습관이 있다"며 "그것이 칼럼이나 책을 쓰는 데 큰 도움이 된다"고 말했다.

그가 권하는 대화의 비법 중에 첫 번째가 '말하기보다는 듣는 것을 먼저 하라'는 것이다.

"내가 말을 하면 정보가 새는 것이지만, 상대방의 말을 들으면 정보를 얻는 것이잖아요. 상대방의 말을 귀 기울여 들으며 적절히 맞장구를 쳐주면 대부분의 사람들은 속마음을 털어놓습니다."

또한 하나를 이야기했으면 둘을 듣고 셋을 맞장구치는 '1:2:3의 법칙'을 지켜야 한다고 한다. 실제로 본인이 방송을 하는 도중 자살하겠다는 사람을 만나 1:2:3의 법칙을 써서 자살하려는 마음을 돌린 적이 있다고 한다.

경청을 잘하면 죽음도 면할 수 있다는 얘기다. 즉 화자로 하여금 '말하는 내가 중심인물'이라는 느낌을 갖게 하는 것이다. 그러는 가운데 닫힌 마음의 문을 열고 자신의 숨겨진 부분까지 상대에게 드러내고 문제를 해결할 수 있는 길을 찾게 된다. 진지한 경청자가 있다는 것은 또 하나의 나를 찾는 기쁨을 안겨주기 때문이 아닐까 하고 생각해본다.

대화의 비법 두 번째는, 대화를 잘하기 위해서는 겸허한 태도로 자신을 낮추고 타인을 배려하는 태도가 몸에 배어야 한다고 강조했다. 상대방의 처지에서 생각하는 습관, 즉 '역지사지 감각'이 있는 사람들이 대화를 훌륭하게 이끌어간다는 것이다. 그렇게 상대방에게만 맞추다 보면 혹시 주변 사람들로부터 무시당하는 경우가 생기지 않을까? 하는 질문에, "그래서 말할 때 내용이 있어야 하며 요점만 간단명료하게 말하는 습관을 길러야 한다"고 권한다.

결국 이숙영 씨가 대화의 달인으로 성공하게 된 이유는 누구의 이야기라도 들어주고 자신을 솔직하게 표현하는 데 있다.

말이 많아서 비난을 듣거나 실수하는 경우는 있지만 너무 많이 듣는다고 비난하는 사람은 없을 것이다. 이제부터 말하기 전에 열심히 들어보자. 그리고 솔직한 당신의 생각을 상대방의 입장에 서서 명료하게 말한다면 분명 당신은 기쁨을 선물하는 사람이 될 것이다.

꾸밈없어야 통한다

〈이소라의 프러포즈〉라는 프로그램으로 우리에게 친숙한 이소라 씨는 원래 가수지만 MC를 보았다. 그녀는 감미로움과 호소력 짙은 목소리로 듣는 이들의 마음에 잔잔한 물결을 일으키며 행복함을 느끼게 해준다. 그녀가 노래 부르는 모습은 자신의 삶을 꾸밈없이 노래하는 것 같아 팬들에게 공감을 불러일으킨다. 외모로 보면 그저 통통하고 복스러운 맏며느리인 그녀는 대화도 잘한다. 언제 봐도 질리지 않고 포근하게 대화를 이끌어간다.

이소라 씨가 방송에 출연하여 자신의 이야기를 털어놓은 적이 있다. 이날 방송에서 특유의 미소와 솔직함을 선보여 팬들의 많은 관심을 모았다. 그녀는 이날 인터뷰에서 방송에서 자주 볼 수 없는 이유가 무엇이냐는 아나운서의 질문에 이렇게 고백한다.

"제가 외모에 대해 자신 없어 하는 사람이에요. 노력을 하는 편인

데, 끊임없이 먹는 게 좋네요. 죽을 때까지 이럴 모양인지… 멋진 모습으로 방송에 나오고 싶은데, 살이 좀처럼 빠지지 않아 걱정이에요."

그리고 "누가 최근 관심 있는 것이 뭐냐고 물으면 자신은 '운동'이라고 말하고 싶은데, 사실은 밥 먹고 나면 어떤 디저트를 먹을 것인가가 관심사"라며 웃었다. 이러한 솔직한 고백을 들은 시청자들은 한결같이 그녀가 우리와 같은 고민을 하고 사는 정다운 사람이라는 평가를 내렸다. 꾸밈없이 소탈한 모습이 다들 좋았던 것이다.

또한 남자친구와 헤어져 마음이 매우 아픈 기억 때문에 자신의 노래가 슬프다는 사실을 부인하지 않았다. 그래서인지 방송에서 유난히 아픈 사연을 많이 소개하기로도 유명하다. 그녀는 아픈 사연을 소개하는데도 미소를 잃지 않아 사람들을 더욱 감동하게 만드는 대화법이 돋보이는 사람이다.

이처럼 이소라 씨는 방송 중에 자신의 아픔이나 인간적인 부분들을 노출함으로써 시청자들에게 푸근함과 편안함을 준다. 그리고 나이의 벽을 깨는 귀여움과 발랄한 말투 역시 매력적이다. 특히 그녀의 웃음은 처음 만났을 때의 어색함을 바로 깨뜨린다. 대화를 나누는 데 있어 미소만큼 관심을 끌게 만드는 것은 없을 것이다. 그녀가 말하는 동안에 짓는 미소는 '함께 있어 정말 좋아요.' '저와 함께 있으면 마음이 편해질 거예요.' 등의 긍정적인 메시지를 보내기 때문이다.

결국 이소라 씨가 대화를 성공적으로 해내는 것은 자신의 꾸밈없는 천진한 마음을 보여주면서 상대방을 대화로 이끌기 때문이다. 그래서 어떤 이들은 그녀의 이러한 모습을 보고 빨려 들어가는 것 같은 분위기라고 말하곤 한다.

잘 들어주면 통한다

30년 동안 최고의 MC로 왕성한 활동을 보이고 있는 임성훈 씨도 대화의 달인에서 빼놓을 수가 없다. 그가 맡는 프로그램은 모두 장수한다는 공통점이 있으며 그가 세운 기록은 아무나 넘볼 수 없는 철옹성과도 같다.

임성훈 씨는 〈전국은 지금〉(5년), 〈생방송 퀴즈가 좋다〉(5년), 〈10시 임성훈입니다〉(8년)를 비롯해 11년 동안 방송을 진행했던 〈가요 톱 10〉에 이르기까지 오락 교양 프로그램의 장수 진행자로 인기를 끌어 왔다.

현재 출연 중인 〈세상에 이런 일이〉, 〈잘 먹고 잘사는 법〉도 각각 7년, 4년을 진행하며 높은 시청률을 이끌어왔다. 이 밖에도 많은 프로그램을 진행하며 'MC 지존' 의 자리를 이어가고 있다.

프로그램의 장수 비결을 물으면 그는 "항상 처음 시작할 때의 마음가짐을 잃지 않는 것"이라며 "초심을 잃지 않으면 매너리즘에 빠지지 않는다"라고 말한다. 또 프로그램 선택 기준으로 기획 의도가 자신과 맞을 것, 시대 흐름과 일치하는 것 등을 꼽았다. 그러나 그의 진행을 유심히 보면 이러한 마음가짐은 물론 출연자들이 속에 있는 말을 털어놓도록 잘 들어주고 편한 분위기를 만들어주는 게 눈에 들어온다. 요즘 자극적인 애드리브를 하면서까지 튀려는 젊은 MC들과는 다른 모습이다.

시청자들은 그의 편한 진행에 대해 이렇게 전한다.

"임성훈 씨는 출연자들의 나이, 계층에 상관없이 항상 정중하게 대하고 배려한다. 그것을 통해 게스트들이 프로그램 분위기에 잘 적응할 수 있도록 유도해 시청자들에게도 편안함을 만들어주는 것이다."

이 같은 호응에 대해 그는 말한다.

"너무나 감사하고, 출연자들은 모두 프로그램을 도와주기 위해 나왔기 때문에 그들을 배려하는 것은 당연한 것 아닌가요."

또한 그는 방송 준비를 위해 책을 많이 읽고 다른 방송을 시청하며 진행자의 장점을 배우는 데 많은 시간을 할애한다고 한다. 무슨 말을 어떻게 하든지 그것은 상대에게만 영향을 미치는 것은 아니다. 대화는 부메랑처럼 상대에게 한 말이 반응을 보여 다시 나에게로 돌아와 서로에게 영향을 미친다. 나를 낮추고 상대에게 집중하면 대화의 길은 열린다. 성공적인 대화에 있어 잘 들어주는 것은 아무리 강조해도 넘치지 않는다.

노련하면 통한다

이른 아침 출근하는 직장인들에게 〈손석희의 시선집중〉을 진행하는 손석희 아나운서는 시원한 카타르시스를 제공한다. 정계, 재계, 학계, 언론계 등 사회의 모든 기득권층이 가장 두려워하면서도 인정하는 언론인이 바로 손석희 아나운서이다. 그가 진행하는 프로그램은 매일 민감한 문제를 다루며 직접 인터뷰 방식을 통해 국민들에게 보다 실질적이며 정확한 사실을 전달하려 노력한다.

손석희 아나운서의 매력은 찌르면 피 한 방울도 안 나올 것 같은 차가운 이미지, 한마디 말로써 상대방의 아킬레스건을 미묘하게 건드려서 흥분시켜 상대방의 갑옷을 벗기고 벌거벗은 모습을 시청자에게 보여주는 것이다. 국민들은 그가 날카로운 지성으로 계속 국민들의 가려운 곳을 통쾌하게 긁어주기를 바라고 있다.

방송계에서 가장 영향력이 있는 사람 1위로 뽑히기도 한 그는 성신여자대학교 문화커뮤니케이션 학부 교수로 스카우트되어 재직 중이다.

그의 화술을 놓고 사람들의 이견도 분분하다. 어떤 이들은 그의 화술에 군더더기가 전혀 없다고 한다. 또한 그의 멘트를 보면서 공중에서 일직선으로 내리 꽂히는 매를 연상한다고도 한다. 그만큼 그의 언어는 간략하고 정확하다. 손석희 아나운서처럼 언어의 절제미에서 오는 촌철살인을 잘 구사하는 사람은 드물다. 물론 밀어붙이기 식의 인터뷰를 불편하게 생각하는 사람들도 많다.

절제된 이미지와 깔끔한 대화 진행으로 손석희 아나운서의 매니아도 적지 않다. 또한 철저한 이미지 관리와 함께 미소년 같은 모습에서 뿜어져 나오는 촌철살인과 같이 짧은 말 한마디가 사람의 마음을 열게 하고 감동을 전하는 모습이 그의 매력을 더해준다.

현대인들은 복잡한 것보다는 단순한 것을 선호한다. 사람들은 흔히 이렇고 저렇고 해서 내 논리가 합당하니 내 말을 믿어달라며 장황하게 설득하려 하지만 그럴수록 상대도 이리 재고 저리 재게 된다는 것을 손석희 아나운서는 정확히 간파하고 있는 것이다.

오랜 방송생활에도 불구하고 흔들리지 않는 그의 카리스마는 역시 철저한 자기관리와 언어사용에 균형을 잃지 않는 노련함이 아닌가 싶다.

유머를 발휘하면 통한다

에피소드가 많기로 유명한 아나운서를 꼽으라면 단연 신영일 아나운서일 것이다. 신영일 아나운서는 건국대 행정학과 출신으로 1997년 KBS에 입사해 현재 〈퀴즈탐험 신비의 세계〉와 〈퀴즈 대한민국〉, 〈스포츠세상〉 등을 진행하고 있다. 2004년에는 아테네 올림픽에 메인 아나운서로 파견되어 주목을 받기도 하였다.

그는 방송을 솔직하게 운영하기로 유명하다. 그는 방송 중 자신의 실수를 인정하고 솔직하게 표현함으로써 오히려 상대방에게 기쁨을 선사한다. 실제로 그는 방송에서 자신이 실수한 웃지 못할 에피소드를 자주 공개했다. 특히 라디오 뉴스를 진행하다 실수했던 일을 소개한 적이 있다. 라디오 뉴스 끝에 전해주는 일기예보에서 "기온은 10도, 습도는 42%"라고 얘기를 했어야 하는데, "기온은 습도, 10도는 42%"라고 말해 얼굴이 빨개졌던 실수담을 고백한 것이다.

이처럼 신영일 아나운서가 진행하는 프로그램은 다른 어떤 프로그램보다 웃음을 많이 자아내게 한다. 이처럼 그가 남들보다 유머 감각이 뛰어나기 때문이다.

그는 어린 시절 조용하고 평범한 학생이었다고 한다. 초등학교 생활기록부에는 '내성적', '친구들과 잘 어울리지 못함' 이라고 적혀 있다. 대학 다닐 때도 내성적이긴 마찬가지였으나 대학 4학년 때 우연히 '아나운서 되기' 라는 책을 읽고 아나운서가 되기로 마음먹었다. 그는 아나운서가 되기 위해서는 많이 얘기하고 표현해야 한다는 것을 알게 되었으며, 합격하지 못해도 준비하는 과정이 나를 바꿀 수 있으리라는 생각이 들었다. 또한 주변에서 목소리가 괜찮다는 얘기를 들어왔기 때문에 도전했다고 한다.

그가 유머 있는 아나운서로 성공하게 된 원인을 보면, 첫째는 리허설을 철저히 하기 때문이다. 미리 거울 앞에서 질문을 하고 답변을 하는 시뮬레이션 과정을 거치면 자신감도 올라가고 자신을 정확히 바라보는 계기가 된다.

둘째는 말을 하기 전에 우선 써본다고 한다. 어떤 글이라도 자주 써보면 논리적이고 체계적으로 말하는 데 도움을 주기 때문이다.

셋째는 상대방과 눈을 맞추고서 말을 한다. 말을 할 때 상대방의 눈을 보고 하면 상대방이 어떤 마음인지를 분석하여 대화를 하는 데 도움을 주기 때문이다.

넷째는 어투에 신경 쓰면서 대화를 한다. 말할 때마다 자신만이 가진 안 좋은 습관이 무엇인가를 찾아 고치려고 한다는 것이다. 억양이 이상하거나 말투가 일반사람들에 비해 특별히 이상한 부분이 있으면 과감히 고쳤다고 한다.

결국 신영일 아나운서가 오늘날처럼 각광을 받는 이유는 철저한 준비와 함께 상대방이 불편하지 않도록 정성껏 대화를 하기 때문이다.

"웃음은 관념과 실제의 차이에서 발생한다."

쇼펜하우어는 이 말처럼 유머는 너무 지나친 과장과 거짓말로 억지웃음을 자아내는 것이 아니라 우리가 살아가는 보편적인 상식이나 관행 속에서 어떤 말이나 행동이 기발한 발상으로 표현되는 것이다. 그리하여 전혀 예상하지 못한 모순의 의미가 긍정적으로 받아들여질 때 진정한 유머의 매력이 나타난다.

격려하면 통한다

인생을 살아가노라면 만사가 뜻대로 되지 않아 의기소침해지는 경우가 있다. 이럴 때 가장 소중한 도움은 깊은 사랑에서 우러나오는 누군가의 격려이다. 그 격려는 사람의 암울한 정신에 깊은 용기를 던져주고, 오랜 세월 흔들리는 마음을 다잡는 기둥이 되어준다.

'신의 손'이란 별명을 가진 미국의 흑인 의사 벤카슨은 현재 미국 존스홉킨스 대학병원에 근무하는 소아신경외과 의사이다. 그 역시 어린 시절에는 빈민가의 불량배에 불과했다. 그는 자동차의 도시 디트로이트 빈민가에서 태어났으며 여덟 살 되던 해에 부모가 이혼해 어머니와 단둘이 살았다. 당시의 미국은 인종차별이 심해 그는 학교에서 백인 친구들에게 심한 따돌림을 당했다. 게다가 초등학교 5학년에 되도록 구구단을 외우지 못했고 산수는 빵점을 맞기 일쑤라 친구들의 놀림감이 되곤 했다.

그런 그를 '신의 손'이라 불리는 세계적인 의사로 만든 것은 무엇일까? 그를 이끈 것은 바로 어머니가 해준 한마디의 말이었다. 그는 한 신문 인터뷰에서 이렇게 말했다.

"어머니는 내가 늘 꼴찌나 하고 흑인이라고 따돌림이나 당하며 바보 같은 짓만 하는데도 '벤, 넌 마음만 먹으면 무엇이든 할 있어! 노력만 하면 할 수 있어!' 라는 말을 끊임없이 들려주며 내게 격려와 용기를 주었습니다."

벤카슨은 어머니가 틈만 나면 "너는 노력만 하면 무엇이든 할 수 있다"는 말을 되풀이해서 들려주자 차츰 '정말일까? 나도 노력만 하면 무엇이든 할 수 있을까?' 싶어 중학시절부터 공부를 시작했다. 그랬더니 거짓말처럼 성적이 올랐고 그것이 신기해서 더 열심히 공부했더니 결국 우등생이 되었다.

그는 사우스웨스턴 고등학교를 3등으로 졸업하고 명문 미시간대학 의대에 합격해 의사가 되었다. 의사가 된 후에는 숱한 의사들이 수술을 포기했을 정도로 고치기 힘든 악성 뇌종양 환자와 만성뇌염으로 하루 120번씩 발작을 일으키던 어린이를 완치시켜 세계적인 명의로 인정받게 되었다. 1987년에는 세계 최초로 머리와 몸이 붙은 채 태어난 샴쌍둥이를 분리하는 데 성공해 '신의 손'이라는 별명도 얻었다. "넌 할 수 있어. 무엇이든지 노력만 하면 할 수 있어"라는 어머니의 격려는 불량배 소년을 세계적인 명의로 바꿀 정도로 놀라운 힘을 발휘한 것이다

위인들의 업적을 보면 그들 혼자만으로 이룩된 성과가 아니란 걸 알 수 있다. 그 뒤에는 조력자와 더불어 그들이 잘되기를 바라는 사

람의 참된 칭찬과 격려가 있다. 이들의 평범했던 인생을 바꿔놓기도 한 마법의 언어, 칭찬과 격려. 이는 사람이 갖고 있는 능력과 잠재력을 최대한 활용하도록 만드는 촉진제와 같다.

격려를 많이 받으면 긍정적인 생각을 많이 하게 된다. 격려는 잘했을 때에도 주어지고 실패했을 때에도 주어지기 때문에 상대방은 스스로 자신이 가치 있는 존재라고 느끼기 때문이다. 따라서 작은 일이라도 잘해보려고 애쓰는 마음을 갖게 된다.

힘들고 낙망하여 지쳐 있을 때 누군가의 따뜻한 격려의 말 한마디는 메마른 삶의 생명수와 같다. 어쩌면 우리 모두는 그런 사람을 찾고 있는 게 아닐까? 상대는 당신의 따뜻한 격려를 듣기 위해 당신과 대화하기를 원한다.

칭찬하면 통한다

칭찬은 좋은 점이나 착하고 훌륭한 일을 높이 평가하는 말이다. "말 한마디에 천 냥 빚도 갚는다"는 말처럼 어떤 상황에서 어떤 말을 어떻게 하느냐는 매우 중요하다. 특히 말하는 사람이 어떤 위치에 있느냐에 따라 그 말은 엄청난 효력을 발휘할 뿐만 아니라 때로는 한 사람의 인생을 바꾸어놓기도 한다. 그중에서 칭찬은 대인관계나 조직관리에서 별로 힘들이지 않고 큰 효과를 발휘하는 전략적 수단이다.

《칭찬은 고래도 춤추게 한다》는 책이 베스트셀러가 될 만큼 칭찬의 중요성에 주목하는 움직임이 활발하다. 무게 3톤이 넘는 범고래가 관중들 앞에서 멋진 쇼를 펼쳐 보일 수 있는 것은 고래에 대한 조련사의 긍정적 태도와 칭찬이 있었기 때문이다. 이처럼 짧은 칭찬 한마디는 고래의 인생을 바꿀 정도로 큰 힘을 발휘한다. 특히 대화는 사람의 인생을 바꾸는 가치 있는 일이기 때문에 대화에서도 칭찬의 필요성은 무척 크다. 그리고 대화과정에서 목적을 달성하는 데 동기유발의 중요한 기폭제이기도 하다. 물질이 풍요로운 사회일수록 인간적인 정이 그리워진다. 따라서 사람들은 칭찬받고 싶은 욕구가 강하다. 굳이 대화뿐만 아니라 사회생활에서도 칭찬을 잘하지 못하면 살 수 없는 시대가 되었다. 이 시대는 칭찬 잘하는 사람을 필요로 한다.

심리학에 피그말리온 효과(Pygmalion Effect)라는 것이 있다. 칭찬하면 칭찬할수록 더욱더 잘하려는 동기를 제공하는 것을 가리킨다. 원래 이것은 자기충족적 예언이라고도 하며, 그리스 신화에 나오는 조각가 피그말리온의 이름에서 유래했다. 피그말리온은 아름다운 여인상을 조각하고, 그 여인상을 진심으로 사랑하게 된다. 여신 아프로디테(로마 신화의 비너스)는 그의 사랑에 감동하여 여인상에게 생명을 주었다. 이처럼 타인의 칭찬이나 기대 또는 관심으로 인해 능률이 오르거나 결과가 좋아지는 현상을 피그말리온 효과라고 한다.

심리학에서는 타인이 나를 존중하고 나에게 기대하는 것이 있으면 기대에 부응하는 쪽으로 변하려고 노력해 마침내 그렇게 됨을 의미한다. 대화에서도 칭찬이나 격려를 통해서 상대방에게 긍정적인 영향을 미치는 심리적 요인이 된다는 것이다.

한 라디오 프로그램에서 들은 사연이다.

소녀는 집으로 돌아오는 길에 화분을 하나 샀다. 창가에 두고 며칠 신경 쓰다가 그만 회사 일들 땜에 신경을 쓰지 못했다. 그러다 일주일쯤 지나 점점 시들시들해지더니 예쁘게 피어 있던 꽃잎도 하나둘 떨어지더라는 것이다. 그래서 소녀는 마음먹었다.

'에구, 내가 무슨 식물을 길러. 좀 더 시들면 버려야겠다.'

그러던 어느 날, 문득 집에 와서 보니 소녀의 어머니가 화분에 물을 주면서 말을 하고 있었다.

"목마르지, 그래 목이 많이 마르겠다. 바짝 말라버려서 얼마나 힘들었니… 예쁜 꽃도 다 시들어버리고 우리 딸이 너한테 소홀해서 많이 속상했지. 그래도 너무 그렇게 삐치지 마라. 내가 해주면 되잖아. 어서 다시 예전처럼 꽃을 피우렴. 할 수 있지?"

식물과 대화를 나누는 게 어찌나 우습던지. 소녀는 너무도 소녀 같은 어머니를 바라만 보았다. 그런데 얼마 후 놀라운 일이 일어났다. 금방이라도 죽어버릴 것 같았던 그 화분에서 너무도 아름다운 꽃이 여러 송이 활짝 피면서 나의 창가를 비추고 있는 것이 아닌가? 소녀는 화분 속의 꽃이 분명 엄마랑 대화를 해서 이렇게 살아났을 뿐만 아니라 꽃도 피웠다는 사실을 믿게 되었다. 소녀는 하찮은 꽃이라도 마음을 읽어주고 칭찬해주면 그것이 무엇이든 통하게 한다는 것을 깨달았다.

칭찬이 좋다는 것은 다들 알지만 자연스럽지 못할 때가 많다. 칭찬하는 것이 왠지 어색하거나, 괜히 입에 발린 말을 하는 것 같아 서로가 쑥스러운 느낌을 받기도 한다. 또 의식적으로 칭찬하다 보면 의례적 인사치레로 보이거나, 아첨으로 오인되어 그 효과가 줄어들기도 한다. 누구에게나 똑같이 판에 박힌 칭찬의 말을 되풀이하다 보면 칭찬받는 사람 입장에서도 별다른 감흥이 없게 마련이다.

직장뿐 아니라 인간관계가 있는 어디에서건 비판이나 지적보다는 칭찬이 큰 힘을 발휘한다. 동기를 부여하고 팀워크를 높여줄 뿐 아니라 자신감을 심어주어 그 안에 있는 위대한 힘을 발견하게 해준다.

아이에서 어른이 되는 성장의 주식은 음식과 칭찬이다. 몸을 키우기 위해서는 밥과 반찬을 먹어야 하고, 생각과 가치관을 키우기 위해서는 칭찬이라는 주식을 먹어야 한다. 생각과 가치관 즉 창의성, 용기, 인내, 긍정적 사고 등 자신에게 주어진 다양한 능력들을 최대한 발휘하고 성장하여 다른 사람들과 공유하는 일은 바로 칭찬에서 시작된다. 칭찬은 그 사람의 가능성과 잠재력을 발견해주는 동시에 그 능력을 더욱 키울 수 있도록 해주는 영양제 역할을 한다.

〈칭찬 10계명〉

1. 칭찬할 일이 생겼을 때 즉시 칭찬하라.

2. 잘한 점을 구체적으로 칭찬하라.

3. 가능한 공개적으로 칭찬하라.

4. 결과보다는 과정을 칭찬하라.

5. 사랑하는 사람을 대하듯 칭찬하라.

6. 거짓 없이 진실한 마음으로 칭찬하라.

7. 긍정적인 눈으로 보면 칭찬할 일이 생긴다.

8. 일이 잘 풀리지 않을 때 더욱 격려하라.

9. 잘못된 일이 생기면 관심을 다른 방향으로 유도하라.

10. 가끔씩 자기 자신을 칭찬하라.

　－《칭찬은 고래도 춤추게 한다》(켄 블레차드) 중에서

우리 모두 작은 것에서부터 진심을 담아 서로서로 칭찬해주는 마음 따뜻한 사람이 되자.

설득하면 통한다

미국 최고의 명사회자라면 '오프라 윈프리'를 꼽을 것이다. 미국엔
그녀를 모르는 사람이 없다고 할 정도로 유명한 사회자이다. 오프라
윈프리는 최고의 시청률을 기록한 〈오프라 윈프리 쇼〉의 사회자이고
흑인 중에서 가장 성공한 사람으로 꼽힌다. 그는 흑인으로서 매우 가
난한 환경에서 자랐으며, 마약 중독에 미혼모의 경험이 있다. 그러한
그녀가 도저히 생각하기도 어려운 최고의 존경을 받는 명사회자가
된 것이다.

　그의 성공요인을 보면, 그는 어려운 성장환경을 극복해야겠다는
생각에 많은 책을 읽었으며 책을 통해서 다른 사람들의 삶에 대해서
배우고 자신의 꿈을 키워갔다. 그는 독서를 통해 자기가 살던 세상과
다른 새로운 세상의 말들을 배우게 되었고, 나아가 대화를 잘하는 요
령을 알게 되었다. 대화능력이 뛰어난 오프라 윈프리는 자신의 노력

덕분에 말을 잘하게 되었으며, 이를 바탕으로 상대를 설득하는 데 남들보다 탁월한 재주를 보였다.

오프라 윈프리는 〈북클럽〉이란 프로그램을 통해 책을 소개하는데, 그가 소개한 책은 바로 다음날부터 날개 돋친 듯이 팔려 베스트셀러가 돼버릴 정도로 막강한 설득력을 가진 설득의 귀재이고 대화의 대가이다.

오프라 윈프리가 성공한 요인들을 보면, 여러 가지 요인이 있었지만 특히 그녀는 성공한 사람이 드러내기 쉬운 거만함을 절대 드러내지 않았다. 그녀가 겪어온 아픔을 절대 잊지 않고 있다는 태도를 보이며, 아무리 어려운 사람에게도 힘을 잃지 말라고 조언하는 노력을 게을리 하지 않았다. 또한 아무리 어려워도 이겨낼 수 있는 비결이 있음을 제시하여 긍정적인 대화로 이끌었다. 재미있는 일은 발을 동동 구르며 웃고 슬픈 일을 얘기하는 사람과는 함께 눈물을 흘리며 감정을 표현함으로써 어려운 사람들의 닫힌 마음의 문을 설득이라는 열쇠로 열었다.

오프라 윈프리는 상대방의 설득을 얻어내기 위한 방법으로 다음과 같은 다섯 가지를 들었다.

첫째, 항상 진솔한 자세로 말하여 상대방의 마음을 열어야 한다.

둘째, 아픔을 함께하는 자세로 말하여 상대방의 공감을 얻어야 한다.

셋째, 항상 긍정적으로 말한다.

넷째, 사랑스럽고 따뜻한 표정으로 대화한다.

다섯째, 말할 때는 상대방을 위한다는 생각으로 정성을 들여 말해야 한다.

오프라 윈프리는 바위 같은 고집쟁이도 정성을 다해 말하면 꼼짝없이 마음의 문을 열고 설득당할 것이라고 하였다. 즉, 설득의 힘을 갖기 위해서는 상호 간 믿음의 교류가 선행되어야 한다. 한마디 말로 끝나는 것이 아닌, 자신의 주장에 대한 확신과 진실성이 바탕이 되었을 때 비로소 상대는 신뢰감을 갖고 수용할 수 있게 된다.

만나고 싶은 친구와 통하는 대화법

긍정적인 말만 한다

사랑받는 사람은 긍정적인 말만 한다. 그러나 사랑받지 못하고 소외당하는 사람을 보면 부정적인
말만 한다.

"나는 안 돼요."

"저는 아는 게 없어서…."

"나는 배운 게 없어서…."

"나는 못생겼어요."

"나는 능력이 부족해서 이 정도밖에는 못해."

그러다 보니 사람들이 주변에서 떠나버린다. 그러나 사랑받는 사람들은 긍정적으로 말한다.

"나는 열정이야."

"새로운 일일수록 매력이 느껴져."

"도전하는 일이 좋아."

"나의 능력을 발휘할 수 있는 좋은 기회다."

그래서 친구들에게 사랑을 받는다.

상대방을 높여준다

누구에게나 한 가지라도 좋은 점은 있게 마련이다. 사람들은 남의 단점보다는 장점을 찾아내고 이
를 칭찬할 줄 아는 사람을 좋아한다. 하지만 무턱대고 칭찬하는 것이 아니라 상대를 잘 이해하고
개성이나 약점까지도 감싸줄 줄 알아야 한다. 하지만 내가 나 자신을 싫어한다면 남들이 나를 좋아
할까? 무엇보다도 자기 자신을 사랑하면서 나를 높이는 것이 중요하다

상대방의 마음을 아프게 하는 말은 적을 키우는 것과 같다

친구관계뿐만 아니라 사회생활에서도 아무리 화가 나더라도 친구를 향해 "너는 구제불능이야.",
"네가 뭘 제대로 하겠어"와 같은 심한 말은 삼가해야 한다. 본인은 무심코 던진 말이지만 친구의
가슴을 아프게 하는 심한 말은 친구의 마음에 비수를 꽂는 일이고, 심지어는 원한관계가 형성될 수
있으므로 조심해야 한다.

시사를 대화에 반영한다

사람들은 구태의연한 대화에서는 흥미를 느끼지 못하나 새로운 소식이나 사건에 대해서는 관심을 갖는다. 따라서 대화 내용에 단순한 일상생활만을 반영하는 것이 아니라 자신이 알고 있는 시사 거리 중에 유익한 내용을 상대방에게 전달하는 것이 좋다. 시사를 알면 돈이 보이고, 다가올 미래도 예측할 수 있어 상대방에게 유익하고, 당연히 화젯거리에 관심이 모아지게 마련이다. 그러나 지나치게 민감한 화제나 상대방에게 부정적인 시사는 분위기를 심각하게 만들 수 있으므로 다루지 않는 것이 좋다.

순발력 있게 말한다

큰 웃음은 준비된 상황보다 돌발적인 대화에서 터져 나오는데 이런 것을 순발력이라고 한다. 딱딱한 분위기에서는 어떤 대화도 상대방의 흥미를 끌기가 어렵다. 분위기가 가라앉아 있을 때 누군가의 재치 있는 말 한마디에 분위기가 전환된다. 따라서 어떤 상황에 놓이더라도 순발력 있게 대화할 줄 알아야 한다. 순발력이 넘치는 사람은 대화 중에 발생하는 위기를 모면하는 데도 위력을 발휘한다.

입장을 바꿔서 대화한다

친구관계는 서로가 편하다고 생각하기 때문에 자기주장이 강한 대화를 하게 마련이다. 그러나 지나친 자기주장은 상대편에 대한 배려부족으로 상대방을 힘들게 할 수도 있다. 따라서 아무리 좋은 친구관계라고 하더라도 대화시에는 상대방의 입장을 고려하여 불편하지 않도록 대화를 하는 것이 좋다.

솔직하게 대화한다

친할수록 솔직한 것을 좋아한다. 따라서 대화 중에 자신의 마음을 솔직히 표현함으로써 솔직한 이미지를 부각시키는 것이 좋다. 물론, 필요한 경우에 따라서 선의의 거짓말을 해야 할 때가 있을 것이다. 이땐 거짓말을 하지 말고, 이것만은 말해줄 수 없다는 의미의 표시로 미소를 살짝 지어주는 것도 좋다. 이는 거짓말을 하지 않는 것뿐만 아니라 오히려 신비감을 보여줄 수 있다.

먼저 미안하다고 한다

미안할 땐 미안하다고 '먼저' 말하는 습관을 들이자. 사소한 일로 친구와 다투었다고 가정해보자. 이땐 누가 잘못을 먼저 했던 간에 둘 다 조금이라도 잘못된 행동을 했기에 다툼이 일어났다고 할 수 있다. 그러나 서로 불편한 마음 없이 대화를 하지 않고 오랫동안 지내다 보면 둘 사이에는 오해가 생겨 멀어지게 될 수 있다. 따라서 먼저 미안하다고 그 친구에게 화해를 청하는 대화를 한다면,

그 친구도 함께 미안한 마음이 들 것이다. 어쨌든 그 친구도 잘못을 했으니까. 그렇게 된다면 이미 우정을 쌓은 사이일지라도 그 사이는 더욱 돈독해질 것이다.

자신 있게 대화한다

어떠한 일에도 당당하게 대화한다면 그 사람은 자신감이 있는 것이다. 자신감 있는 사람은 자신이 어떤 대화에서도 성공할 수 있다는 확신이 있다. 자신감이 넘치는 사람들 주변에는 항상 사람이 몰린다. 따라서 내성적인 사람이라도 친한 친구들하고만 대화하지 말고, 자신이 알면서도 말을 걸지 못했던 사람들과 자신 있게 대화를 해보자. 그러면서 친밀도를 쌓고, 자신의 개성을 충분히 표출시킨다면, 흔쾌히 친구로 받아들일 것이다.

학생이 좋아하는 교사의 통하는 대화법

학생을 한 인간으로 존중하며 대화한다

학생을 인간적으로 존중하면 상대방에 대한 감정, 사고, 행동을 평가하거나 비판, 판단하지 않고 있는 그대로 받아들이는 자세를 가지게 된다. 또한 상대방이 화자의 맘을 이해하고 본인도 상대방을 존중하는 마음을 갖게 될 수 있다.

학생들은 교사에게 자신의 의사를 밝히기 꺼려하는 학생이 있을 수도 있다. 또한 경우에 따라서는 익명으로 제안하고 싶은 사항도 있을 수 있다. 이러한 경우를 대비하여 수업 게시판이나 이메일을 통해서 학생들의 다양한 의견을 언제든지 제안할 수 있는 방법이나 창구를 자세히 안내해준다. 교사는 학생들의 의견을 긍정적으로 받아들이며 학생의 의견에 감사의 뜻을 밝히거나, 보다 우수한 수업이 되도록 노력하겠다는 뜻을 밝힌다. 학생들은 자신들이 제시한 의견을 교사가 주의 깊게 고려해준다는 것을 기쁘게 생각할 것이며 신뢰감도 쌓일 수 있다. 또한 창구를 통하여 학생들의 의견을 적극적으로 수렴하여 수업의 질을 학생에게 맞춰서 나갈 수 있다. 많은 학생의 다양성에 하나하나 맞추는 것은 힘들지만 차례대로 들어오는 건의를 통하여 수업은 학생 위주의 수업으로 진행될 수 있다.

학생을 성실한 마음으로 대화한다

학생과의 관계에서 성실한 마음으로 대한다. 이러한 성실함은 상대방에게 자연스럽게 대화 도중에 표현이 되며 이를 바탕으로 학생도 성실한 마음으로 대화에 참여하게 되어 학생과의 솔직한 의사 및 감정의 교류가 가능해진다.

비록 질문에 대한 학생들의 대답이 기대한 것이 아니거나 제출한 과제물이 기대치에 미치지 못했다 하더라도 일단 학생의 의견이나 노력을 인정하고 칭찬과 격려를 해야 한다. 즉 학생들의 반응을 존중하는 것이 중요하다. 그리고 개선할 점을 추후에 제시하거나 과제물에 대한 피드백을 통해 학생들과 자주 교류한다. 결과에 연연하기보다는 주어진 과제에 대하여 노력하여 과제를 작성한 것에 교사가 인정을 하는 것이다. 학생은 교사의 인정을 받고 난 뒤에 하나의 인격체로 존중받는다는 느낌으로 그 후의 수업에도 열심히 참여할 것이다.

학생을 공감적으로 이해하면서 대화한다

우리는 가끔 대화할 때 학생에 대하여 무조건 이해하는 듯 "다 이해해"라는 말을 자주 한다. 그러나 학생을 이해하기 위해서는 학생이 가진 생각이나 느낌, 가치, 도덕관 등을 다 이해해야 한다. 학생을 다 이해하지 못하고는 학생과 공감대를 가지기 어렵다. 학생의 입장이 되어 깊고 주관적으로 이해하면서도, 결코 자기 본연의 자세를 버리지 않는 것이 공감이다. 학생의 감정을 이해하고 있음이 상대방에게 전달될 때 상담자는 자신이 이해받고 있다는 느낌을 갖게 된다.

질문을 활용한다

질문의 활용은 대화에서 학생들의 참여를 촉진하고, 학생들에게 수업에 대한 동기를 부여할 수도 있다.

질문을 할 경우에는 논리적으로 답변하도록 충분한 시간을 준다. 질문을 할 때는 전체 학생에게 먼저 하여 생각할 만한 시간을 충분히 준 뒤에 특정 학생을 지적하는 것이 좋다. 이때 학생들의 마음이 상하지 않도록 주의한다. 학생의 대답이 끝나기 전에 말을 막아버린다거나 비판적인 어조를 사용하지 않도록 해야 한다. 정확한 대답이 나왔을 경우 인정이나 칭찬의 반응을 보이며 확답을 해준다. 부분적으로 정확한 답이 나왔을 경우 정확한 부분에 대해서는 자신감을 주고, 부정확한 부분은 다른 학생을 통해 고치도록 유도한다. 예를 들어 "맞았어요, 좀 더 보충할 학생은 없나요"라는 말로 다른 학생의 참여를 유도한다. 틀린 답이 나왔을 경우에도 "주요 부분이 빠졌네요"와 같은 말로 정확한 대답을 할 수 있도록 같은 학생에게 다시 질문한다.

학생의 사고를 촉진시키는 대화를 사용한다

브레인스토밍은 특정한 주제나 문제점에 대하여 학생들이 자신의 아이디어를 자유롭게 제시하도록 하는 대화방법이다. 따라서 브레인스토밍을 통하여 학생들의 창의력을 촉진시키고 학습의 참여도를 높이는 수업을 진행할 수 있다. 브레인스토밍은 학생들로부터 다양한 의견을 이끌어내는 것에 그치지 않고 학생들이 적극적으로 대화에 참여할 수 있는 수업태도를 만드는 것이다.

여기에서 나오는 의견이나 아이디어에 맞추어서 교사의 긍정적인 반응을 보여주면 학생들의 참여를 촉진시킬 것이다. "이야! 어떻게 이런 것도 생각해낼 수 있지?" "난 생각도 못했던 것인데!"와 같은 반응은 학생들의 수업 열의를 높일 수 있는 방법이다.

비언어적인 커뮤니케이션으로 주의력을 높인다

처음 수업을 시작할 때는 학생들이 주의력과 집중도가 높은 편이지만 시간이 지나면 주의력이 떨어져 산만해진다. 이러한 상태로 두면 학생들은 잠을 자거나 잡담을 하게 된다. 따라서 이러한 경우에는 학생들의 집중을 위해 서 있는 자리를 옮기거나, 목소리에 변화를 주거나, 학생들과 눈을 마주치거나, 내용에 악센트를 주고 몸동작을 하는 등의 기술을 사용하는 것이 좋다.

학생과의 시선유지는 눈으로 하는 강의다

일반적으로 강의를 할 때 좋은 반응을 보이거나 대하기 편한 얼굴이 있는 쪽을 보며 말하는 경향이 있다. 그러다 보면 몇몇 학생들에게만 편파적으로 치우치기 쉽다. 이런 경우 교사의 시선을 못 받는 학생들은 소외감을 느껴 학습의욕을 잃을 수도 있으니 교사는 일부러라도 모든 학생을 두루 보며 말하는 것이 바람직하다. 그럴 때 교사는 시선을 너무 빨리 이동하지 말고 학생이 의식할 때까지 시선을 한 학생에게 순간적으로 정지시켜야 한다.

한 마디의 말이 들어맞지 않으면
천 마디의 말을 더 해도 소용이 없다.
그러기에 중심이 되는 한 마디를
삼가서 해야 한다.
중심을 찌르지 못하는 말일진대
차라리 입 밖에 내지 않느니만 못하다.

___《채근담》

대화시간은 짧을수록 강력하다

우리의 속담에 '말이 많으면 쓸 말이 없다' 라는 말처럼, 어떤 문제에 대해 말을 많이 하면 오히려 내용이 모호해지는 경향이 있다. 결국 상대를 혼란스럽게 하여 화자의 정확한 내용 전달에 저해 요인이 되는 것이다. 따라서 말은 보다 줄여서 하는 것이 효과적인데 자신이 말하고자 하는 내용을 보다 명확하게 전달해야 한다.

미국에서 시간관리 전문가들이 분석한 결과, 인간의 수명이 80이라고 가정할 때 하루에 8시간씩 잔다면 평생 동안 침대에 있는 시간은 24년으로 인생의 1/3이나 소비하게 된다. 또한 매일 사람을 만나는 시간을 따져보면 하루에 4시간으로 평생 사람 만나는 데 소요되는 시간은 12년, 인생의 1/6이나 된다고 한다.

자기계발의 달인 공병호 박사는 사람을 만나는 데 소요되는 시간이 통상 4시간 정도라고 한다. 만나러 이동하는 데 2시간(가는 데 1시간, 만나고 오는 데 1시간)이 소요되고 처음 만나는 30분은 인사와 공감을 형성하는 시간이고 나머지 30분이 본론으로서 필요한 대화이고 나머지 1시간은 잡담으로 끝나기 쉽다고 한다. 그래서 요즘 사람들은 직접 만나기보다는 주로 메신저를 사용한다고 한다. 그러면 웬만한 대화는 아무리 늦어도 30분 만에 종결할 수 있다고 한다.

실제로 대화하는 사람들의 내용을 들어보면 소위 본론이라는 부분보다는 앞뒤 내용이 더 많은 경우가 허다하다. 바쁜 현대인에게는 시간이 바로 돈이고 경쟁력이기 때문에 어떻게 하면 빠르게 본론으로 들어갈 것인가를 고민해야 한다. 꼭 대화시간을 많이 갖는다고 해서 좋은 결과가 나오지는 않는다. 오히려 대화가 길어질수록 어색해지거나 애매한 분위기가 될 수 있다. 역사적으로 보아도 중요한 결정을 내리는 대화인 계약이나 협약식 등은 더 빨리 끝났다.

또한 사람은 대화를 집중해서 들을 수 있는 시간이 제한되어 있다. 개인차는 있겠지만 평균적으로 20분이 가까워오면 집중력이 떨어지기 시작하는데 이 시점에서 분위기를 전환해야 한다. 따라서 새로운 주제로 이야기를 하거나 흥미를 끌 만한 실례를 들거나 질문을 해서 집중력을 올리는 것이 좋다. 정해진 시간을 지키거나 줄여서 대화하는 것도 신뢰감을 형성하는 중요한 요소가 된다.

대화시간은 적당해야 하며, 중요할수록 판단은 짧고 결정은 빠르게 하는 것이 좋다. 대화시간을 줄이려면 만남의 목적이 무엇인지, 교환해야 할 중요한 사항이 무엇이며 어떤 순서로 해야 할지를 고려해야 한다.

서두 부분을 너무 길게 나누다가 본론에 들어가기도 전에 기분이

상하는 경우도 더러 있다. 이러한 오류를 범하지 않도록 계획을 미리 머릿속에 담아두었다가 적정 시기에 대화의 본론을 먼저 나누자. 그 다음 얼마든지 수다를 떨어도 후회는 없을 테니까.

결국 만남의 목적을 이루었을 때 대화의 만족감 역시 느끼게 되는 것이다.

대화의 방향이 정확해야 한다

대화를 하다 보면 어느 사이 주제와 동떨어진 곳으로 가는 사람이 있
다. 대화 중에 이른바 삼천포로 잘 빠지는 사람들의 특징은 자신이
그렇다는 사실을 모르고 있다는 것이다. 그저 자기가 말하는 것에 도
취되어 대화를 하는 것이다. 이러면 시간적 낭비가 될 뿐만 아니라
듣는 상대방도 매우 불편함을 느끼게 된다.

　얼마 전 중소기업을 경영하고 있는 동창을 만나 오랜만에 긴 시간
의 대화를 나누었다. 그 친구는 최근 직장 내 갈등문제로 힘들다고
했다. 특히 대화로 인한 불화가 잦다면서 이야기를 들려주었다.

　업무능력이 뛰어난 권 과장이라는 사람이 퇴직할 수밖에 없는 사
연을 토로했다. 권 과장은 일적으로는 손색이 없었으나 사람만 만나
면 말하는 것을 너무 좋아한다는 것이다. 아무에게나 자신의 능력을
과시하는 말부터 시작해 자신의 이야기를 많이 한다. 그래서 하청업

체의 직원들도 어쩔 수 없이 권 과장의 대화를 들어주어야만 했다.

그러나 대화를 하는 도중에 주제와 관련 없는 내용으로 흘러가기 때문에 문제가 된다. 말이 길어지고 대화의 목적이 희석되어버리니, 직원들은 권 과장과 대화하는 것을 꺼린다. 결재를 맡으러 간 직원들은 어떻게 해서든 권 과장이 삼천포로 빠질 수 있는 대화의 실마리를 던지지 않기 위해서 노력해야 했다.

상사와의 대화에서도 마찬가지다. 한번은 나의 동창인 사장이 권 과장에게 요즘 회사가 잘 돌아가지 않는 이유가 무엇인지를 물었다. 권 과장은 이렇게 대답했다.

"네, 많은 것이 문제입니다."

"많은 것이 문제라고 하지 말고 구체적으로 뭐가 문제인지를 말해 보세요."

"네, 직원들이 문제가 많습니다."

권 과장의 대답에 사장은 짜증을 내고 말았다.

"아, 이 사람 정말 답답하구만. 그래 직원들의 뭐가 문제란 말인가?"

권 과장은 매사에 이러한 식으로 정확한 답변을 하지 못했고 사장도 짜증이 날 수밖에 없었다. 결국 권 과장은 직원들뿐만 아니라 상사들과도 커뮤니케이션이 되지 않는다는 이유로 진급을 하지 못하고 퇴직을 할 수밖에 없었다.

이처럼 대화의 방향이 정확하지 못하거나 의도하지 않는 곳으로 가는 사람은 어디에서도 환영받지 못한다. 회사에서는 상하관계이므로 삼천포로 가는 상사를 만난다면 어쩔 수 없지만, 상사의 입장에서는 일반적으로 이러한 사람을 회피한다.

대화의 방향이 의도하지 않는 곳으로 가지 않기 위해서는 상대방의 표정이나 태도를 보면서 하면 된다. 상대방의 얼굴 표정이 불편해 보이면 바로 수정하거나 대화를 끝내는 것이 좋다. 대화는 혼자 가는 것이 아니라 상대와 함께 즐거운 마음으로 가는 것이다. 우리의 삶에 방향이 있듯이 대화 중에도 원하는 목적지를 향해 방향키를 바로잡아야 한다는 것을 잊지 말자.

상대방을 존중하면 통한다

대화는 자신을 위해 하는 게 아니라 듣는 사람에게 자신의 생각이나 필요한 정보를 전달하는 작업이다. 따라서 상대방이 무엇을 원하는지 미리 분석해보고, 대화에서 전달하고자 하는 내용을 생각해보자. 즉 상대방의 니즈를 찾아 그에 맞추어 대화를 진행하면 통하는 대화를 할 수 있다. 상대방의 요구에 맞추어 대화하는 습관을 기르면, 상대방은 대화 내용을 통해서 화자와 의견이 잘 맞는다고 생각하여 마음의 문을 열 것이다.

경북의 모 농협에 강의하러 갔다가 들은 이야기를 소개해보고자 한다.

농협에서 복지과장으로 근무하는 30대 초반의 김 과장은 고객들이 뽑은 가장 친절한 사원으로 선정되었다. 그녀는 창구 근무를 하지 않기 때문에 고객을 만나지는 않지만 가끔 창구의 직원들을 대신해서 고객들과 상담을 한다. 고객들은 그녀와 대화를 하면 유난히 편하다는 느낌을 받는다. 그래서 다시 농협을 방문하면 상담 상대자로서 김 과장을 찾는다고 한다.

고객들이 그녀를 유난히 편안해하는 이유는 무엇일까? 그녀는 고객들이 어떤 목적으로 농협을 방문했을까를 생각하고 필요로 하는 것을 해결해주었다. 결국 고객들 입장에서는 특별히 말을 하지 않아도 무엇을 요구하는지 알아주는 김 과장이 편했던 것이다.

대화는 상대방이 전달한 생각이나 정보에 대한 느낌과 이해 정도를 주고받는 것이므로 통하는 대화를 하려면 상대방에 대한 배려가 우선되어야 한다. 결국 통하는 대화는 상대방의 욕구를 얼마나 충족시켰느냐가 중요하다.

좀 더 성공적인 대화를 나누려면 상대방의 니즈 충족을 넘어, 다양한 상황에 맞는 대화를 구사해야 한다. 이것은 마치 마라톤 선수가 다양한 지형에 따라 페이스를 조절하는 것과 비슷하다. 각 상황의 독특한 욕구를 충족시키기 위한 좋은 대화전략을 선택하면 성공적인 대화가 이루어질 수 있다.

편안한 마음을 갖기를 원하는 상대방과 숨 넘어갈 듯 빠른 결과를 요구하는 상대방과의 대화는 다를 수밖에 없다. 또 연로한 분을 대할 때와 어린이들을 대할 때에도 눈높이 대화 방법을 써야 한다.

대화를 통해 상대방을 설득한다는 것은 결코 쉽지 않은 일이다. 확실한 논리적 증거를 바탕으로 이성적인 합의뿐 아니라 감정적인 호응도 이끌어내야 하기 때문이다. 따라서 사전에 상대방에 대한 정보를 가능한 한 많이 수집하여 상대방에 맞는 대화 스타일을 찾는 것이 좋다. 만약 상대방이 전문직 종사자라면 철저한 지식으로 무장해야 함은 물론 그가 미처 생각하지 못한 뛰어난 무기를 갖고 있어야 한다. 그러나 상대방에 대해 잘못 파악했다가는 오히려 실수하기 쉬우니 정확한 정보만을 수집해야 한다. 대화는 필요 이상의 것을 채워주는 쌍방향 커뮤니케이션이라는 점을 명심하자.

1:1:1 대화의 법칙

대화는 말하는 사람인 화자와 듣는 사람인 상대방으로 구성된다. 말은 혼자 일방적으로 해도 되지만 대화란 상대방이 있기 때문에 공평하고 순조롭게 진행되어야 한다. 대화를 혼자 주도하면 상대방은 지루해하거나 침묵을 지킨다. 나아가 불만이 쌓이고 또 다시 만나고 싶지 않은 미움의 대상이 돼버리기도 한다.

학자들에 의하면 사람이 한 번에 말할 수 있는 시간은 길어야 1~2분이라고 한다. 한꺼번에 2분 이상을 이야기해버리면 상대방이 부담을 느끼기 시작한다는 것이다.

사람들은 누구나 남의 대화를 듣는 것보다 자기의 말을 들어주길 바란다. 그래서 말이 많은 사람들은 친구가 없고 반대로 말을 잘 들어주는 사람에게는 친구가 많은 법이다.

결국 통하는 대화가 되려면, 한 번 말하면 한 번은 들어주고 한 번은 공감을 표현해야 한다. 그것을 1:1:1법칙이라고 한다. 심지어 아나운서 이숙영은 1:2:3의 법칙을 이야기한다. 한 번 말하면 두 번 들어주고 세 번 공감하라는 것이다.

1:1:1법칙은 A가 화자일 때는 B가 상대방이 되고, B가 화자일 때는 A가 상대방이 된다는 뜻이다. A가 이야기하다가 멈추면, 또 다른 참여자인 B가 이야기를 시작하고 한 번 공감하는 식으로 대화를 이끌어간다.

올여름 더울 것을 예상하고 에어컨을 사려고 A매장에 들렀다. 너무도 많은 종류의 에어컨이 즐비한 가운데 어느 것을 골라야 할지를 몰라 점원에게 물어보기로 했다.

한 점원이 다가와 유창한 화술로 에어컨에 대한 설명을 장황하게 늘어놓았다.

알아듣지 못하는 회전방식, 공기청정 필터의 종류 및 여러 가지에 대해 빠른 말투로 혼자서 끊임없이 얘기하는 것이었다.

뭐 하나 물어보기가 무섭게 끝까지 듣지도 않은 채 미리 질문 내용을 짐작하고 또 혼자서 얘기를 하고 있지 않은가? 분명 말 하나는 끝내주게 잘하는 점원이다. 그렇지만 이런 생각이 들었다.

'그래 너 에어컨 잘~~ 안다. 내가 에어컨 교육받으러 왔냐? 사러 왔지?'

드디어 점원은 조용히 듣고만 있는 나에게 판매 유도의 핏줄을 토해냈다. 난 여기서 살 마음이 전혀 없는데 말이다.

그리고 B매장을 찾았다.

거기 점원은 선한 눈빛으로 "어서 오세요. 고객님 에어컨 보실려구요?" 하면서 "먼저 둘러보시고 궁금한 게 있으면 말씀하세요"라고 편안하게 대해주었다.

요목조목 물어보면 나의 말을 끝까지 듣고 경제적인 부분까지 파악하여 "고객님들이 요즘 전기세 걱정을 많이 하시더라구요." 하면서 내 마음을 읽어주었다.

분명 에어컨에 대한 지식은 A매장 직원이 월등한 것 같았으나 그는 나와 대화를 한 것이 아니라 혼자서 말한 것이고 B매장 점원은 특별한 말도 없이 그냥 나와 대화를 나눈 것이다. 결국 난 B매장에서 에어컨을 구입했다. 영업을 할 때도 대화를 할 때도 화술이 뛰어난 사람보다는 진정 공감하고 경청해주는 사람이 더욱 좋은 결과를 창출한다.

화자가 말을 하고 있는데 상대방이 말을 시작해서 얼마간 동시에 말을 하는 경우를 가리켜 대화의 중복이라고 한다. 대화의 중복은 대화의 시작이나 새로운 화제가 도입되었을 때, 서로 먼저 시작하려고 여러 사람이 동시에 말하는 경우나 화자의 말이 끝난 것으로 알고 다음 화자가 대화를 시작했지만 현재 화자가 말을 계속하는 경우가 있다. 또한 화자의 말에서 부족함이나 잘못된 부분이 발견되었을 때, 바로 자신이 생각하는 바를 덧붙여 말하는 경우나 응답이 늦어져서 또 다른 발언을 시작하는 경우가 해당된다. 이러한 경우 두 사람의 말이 중복되면 의도한 대로 정확히 전달되지 않을 뿐만 아니라 분위기도 어색해진다.

1:1:1의 법칙을 지키면 말하는 도중에 누가 끼어들더라도 자동적

으로 조절이 된다. 따라서 대화의 중복 현상이 일어난 경우에는 여유 있게 천천히 대화를 함으로써 대화의 중복이 생겨나지 않도록 주의하자. 이렇듯 대화를 성공으로 이끌어 가기위해서는 상대를 설득하기 전에 먼저 이해하려는 마음가짐으로 한 박자 느리게 말하는 방법을 택해야 하겠다.

여유 있게 핵심만 말한다

대화를 잘하려면 충분한 여유를 가지고 말을 해야 한다. 조급해지면 말도 빨라지고 해야 할 말도 놓친다. 여유 있게 말하면 훨씬 더 조리 있고 차분하게 상대를 설득할 수 있으며, 유머나 재치도 자연스레 나오게 된다. 따라서 말을 할 때 흥분하지 않도록 스스로에게 당부해야 하고, 말하는 템포도 조절할 줄 알아야 한다. 일방적으로 속사포처럼 떠들고 사라진다면 그건 말을 한 것이 아니라 소음을 만드는 것이다. 최대한 밝은 미소와 여유로운 말이 훨씬 더 말을 잘하는 사람으로 만들어줄 것이다.

  학원강사 홍 선생은 학생들을 대상으로 강의를 하다 보니 말을 잘하였다. 그러나 선생으로서 일사천리로 거침없이 말해야 하는 습관 때문에 다른 사람들과의 대화에서는 말이 빠른 편이었다. 그런데 자기 자신은 습관적으로 말을 잘한다고 생각했다. 홍 선생이 말하는 것을 들은 사람들은 심지어 "숨이 막히겠다." "언제 말이 끝나는지 기다리는 것이 힘들었다"고까지 했다.

대화란 상대방에 대한 서비스의 연속이다. 따라서 여유 있는 마음으로 천천히 해야지 화자가 전달하고자 하는 내용을 충분히 전달할 수 있다. 만약에 급한 마음으로 하다 보면 자칫 여유를 잃고 쫓기게 됨은 물론 말이 빨라져서 상대방이 이해하지 못하는 경우가 생긴다. 이는 대화를 정해진 시간 안에 빨리 잘 끝내야 한다는 초조감 때문인 경우가 많다. 따라서 아무리 말을 잘한다고 해도 여유를 가지고 일관된 흐름과 요점을 간결, 명확하게 전달하는 습관을 키워야 한다.

아무리 달변이라도 요점이 명확하지 않고, 장황하게 늘어놓기만 한다면 상대를 설득하기 어렵다. 먼저 대화의 목표를 명확히 설정하고, 전달하고자 하는 핵심적인 사항을 일관된 논리 하에 간결하고 명확하게 전달해야 한다. 이것은 부모와 자녀 등 상하관계에서 특별히 조심해야 한다. 말이 길어지면 자칫 잔소리처럼 들려 서로 기분이 상하고 처음 대화 목적에 오히려 부작용이 생긴다. 그러므로 시간을 잘 선정해서 핵심부분을 놓치지 않도록 해야겠다.

자신감이 대화의 달인을 만든다

명언을 많이 남긴 로버트 H. 쉴러는, 사람들은 자신감 있게 대화하는 사람을 좋아한다고 하였다. 자신감이 넘치는 사람에게는 쉽게 믿음이 가기 때문이라고 한다. 실제로도 대화하고 싶은 사람을 꼽으라면 자신감 있는 사람을 꼽는다. 듣는 사람들 역시 자신감 있게 대화하는 사람의 말을 듣기를 원한다. 자신감 있는 화자의 말은 뭔가 비전과 희망이 있는 것처럼 의미 있게 들린다고 한다. 반면에 소심하고 부정적인 화자는 상대방의 호감을 얻기 어렵고 대화가 성공하기 어렵다. 부정적인 말은 자기 자신뿐만 아니라 주위 사람에게까지도 실패와 위기의식을 불어넣는다.

말할 때 가장 경계해야 할 점은 주눅 들지 않는 것이다. 여러 사람 앞에서 말할 때 음성이 떨린다던가, 무서운 상사 앞에 서면 머리가 하얘지고 혀가 굳는 것을 경험했을 것이다. 아무리 연습을 많이 해도 주

118

눅을 털어버리지 못하면 의사를 충분히 전달할 수 없다. 스스로 마인드 컨트롤을 할 수 있어야 한다.

은행에 입사한 지 1년 남짓 된 신입사원인 민영철 씨와 정효석 씨는 직장 동료이다.

민영철 씨는 매사에 긍정적이라서 자신에게나 타인에게 자신감을 나타내는 표현을 즐겨 사용한다.

"나는 할 수 있다."

"모든 일이 잘될 것이다."

"나는 행복하다."

"이렇게 하면 돼."

"나는 원하는 일마다 잘 해결된다."

때로는 거만하게 보이지만 사람들은 그를 만나면 힘을 얻었다. 그래서 그를 만나는 사람들은 항상 행복하였고, 민영철 씨 주변에는 사람들이 모여들었다.

동료인 정효석 씨는 민영철 씨와는 대조적으로 자신감 없는 부정적인 표현을 많이 썼다.

"나는 하는 일마다 잘 안 돼."

"나는 자신이 없어."

"어떻게 해야지?"

"나는 가진 게 없어."

사람들은 그를 만나면 힘을 빼앗기는 기분이 들었다. 만남이 점점 부담스러워서 결국 주변에서 진심으로 걱정해주는 사람들이 하나둘 사라져버렸다.

이처럼 말하는 능력에서 자신감은 50% 이상 성공을 보장한다. 그러나 자신감에 찬 말이라고 해서 무조건 다 좋은 것은 아니다. 틀리거나 부정확한 얘기임에도 불구하고 끝까지 고집하며 당당하게 말하는 사람이 있다. 이런 경우 당신은 그 사람을 다시는 마주하고 싶지 않을 것이다. 정확한 얘기를 자신 있게 하면 훨씬 높은 신뢰감을 얻고 설득도 쉽게 된다. 같은 말이라도 자신 있게 하는 것과 그렇지 않은 것은 차이가 크다. 절대 끝말을 흐려서는 안 되고, 부정확한 발음을 해서도 곤란하다. 또박또박 정확하게 자신 있게 말하도록 노력하자.

만약 당신이 대화를 주도하고자 한다면 먼저 말하고자 하는 대화 내용에 긍정적인 자료를 수집해야 하고, 주제에 대한 확신을 갖고 자신 있게 말한다면 분명 당신은 대화에 성공할 것이며 소정의 목적을 이룰 것이다. 무엇보다 신념과 확신에 찬 언행으로 대화하는 것이 대단히 중요하다. 특히 도입 부분부터 화자가 신념에 찬 목소리로 상대방을 압도할 수 있으면 신뢰감을 전달하는 대화가 될 수 있다.

말을 하다가 조금씩 실수한다고 누가 뭐라 할 사람은 없다. 자신감을 가지고 과감하게 말하는 것이 필요하다. 그렇다고 큰소리 뻥뻥 치라는 얘기는 아니다. 자신감은 소리가 크고 작고의 문제가 아니라, 명확하고 당당함의 문제인 것이다.

준비된 사람은 두려운 게 없다

대화하면서 순간적인 임기응변에 뛰어난 사람들을 더러 볼 수 있다. 우리는 그의 재치 있는 말에 놀라기도 하고 부러워하기도 한다. 그러나 대화 중 머릿속에서 즉흥적으로 떠오르는 말을 입으로 내뱉는 데에는 한계가 있다. 대화는 계속적인 감정 교류이기 때문에 임기응변은 말 그대로 순간적인 전환일 뿐 대화의 깊이 하고는 무관하다.

진정으로 말을 잘하는 사람은 대개 미리 대화의 내용을 그려보고 말을 한다. 중요한 여행을 앞두고 사전답사를 하듯이, 누군가를 만나 대화를 앞두고 있다면 머릿속으로 '내가 어떻게 말하면 상대방이 어떻게 반응할 것인지, 그에 따라 난 어떻게 얘기해야 할지' 등을 미리 그려보는 것이다.

주위에 가히 달변가로 꼽을 만한 인물들을 생각해보라. 아마도 그들은 성공적인 대화를 위해 혼자만의 노력하는 시간을 투자할 것이다. 짝사랑을 경험해본 사람이라면 쉽게 이해가 되겠다. 사랑하는 상대를 만나기 전에 우리는, '어떤 말부터 시작할까? 어떤 단어를 사용할까? 내가 이렇게 말하면 상대는 어떻게 나올까? 표정은 어떻게 지을까? 무슨 옷을 입을까?' 등 고민을 하며 거울을 몇 번씩 보고 예행연습을 충분히 한 뒤 집을 나설 것이다.

이렇듯 미리 대화할 내용을 준비하면 훨씬 체계적이고 논리적으로 말할 수 있다. 또한 대화 중에도 떨리지 않으며 자신감 있게 대화를 유도할 수 있다. 그러나 갑작스런 만남으로 미리 대화 내용을 준비하지 못하는 경우엔 어찌해야 할까? 무조건 생각나는 것을 입으로 내뱉기 전에 한 박자 느려도 좋으니 한 번씩 머릿속에서 생각하고 판단해보라. 상대방이 불편해할지 좋아할지를 고려해서 말을 하면 어느새 당신은 대화의 달인이 되어 있을 것이다.

청산유수는 타고나는 게 아니라 자기만의 열정과 노력의 대가이다.

통하게 하는 열쇠 − 신뢰감

우리는 처음 만나는 사람과 대화를 할 때 상대가 얼마만큼의 신뢰성
이 있는 사람인가를 먼저 마음에 두고 대화를 이끌어 가게 된다. 믿
음이 결여된 대화는 진정한 커뮤니케이션이 될 수 없으며 허공만 치
는 헛된 시간이 될지도 모른다. 신뢰감이 가는 사람과의 대화는 깊이
가 있으며 화자가 제시한 부분이 상대에게 조금 불리하더라도 믿음
이 가기에 상대는 제시한 그 사항에 대해 쉽게 수긍을 하고 대화를 성
공적으로 마치게 된다. 또한 신뢰감을 얻지 못한다면 상대방이 마음
의 문을 열지 않거나 화자의 말을 불신하여 받아들이지 않는다.

　신뢰감 형성이란 상대방이 화자에 대해서 마음의 문을 열고 있는
지, 화자가 말한 것에 대하여 동의하고 그대로 받아들일 수 있는지
등을 예의 주시하면서 화자에 대하여 긍정적으로 생각하도록 마음의
문을 여는 작업을 말한다.

이렇게 신뢰감을 형성하기 위해서는 먼저 상대방을 이해하고 존중하는 모습을 지속적으로 보여주어야 한다.

상대방에 대한 이해란 자신이 직접 경험하지 않고도 다른 사람의 감정과 상황을 거의 같은 내용과 수준으로 받아들이는 것을 말한다. 상대방을 바로 이해하기 위해서는 그가 말하고자 하는 내용과 주제를 관찰하고 대화 과정 내내 상대의 감정, 태도 및 신념처럼 쉽게 나타나지 않는 부분까지도 정확하게 분석하여 이해하고자 노력해야 한다.

상대방은 화자가 자신에 대하여 충분히 이해하고 있음이 전달되면 화자를 보다 신뢰하여 곧 마음의 문을 열고 긍정적인 분위기로 대화를 하게 된다. 이를 위해서는 내용을 잘 듣고 있을 뿐 아니라 상대방이 얼마나 중요한 존재인지를 알릴 수 있는 표정과 태도를 보여주어야 한다.

그러나 때로는 피할 수 없는 반대 의견이 나올 수도 있을 텐데, 이런 경우 당신은 어떻게 대처하는가? 우리는 흔히 목소리부터 굳어져 무서운 표정으로 상대의 생각이 틀렸다고 반박부터 하고 나서 설명을 한다.

이 방법은 대화를 100% 실패로 끝나게 한다. 상대방은 중요한 존재이고 그가 말하고 있는 부분은 틀린 것이 아니라 나와 생각이 다를 뿐이라는 것을 명심하자. 절대로 상대의 감정을 상하게 하는 언행은 피해야 한다. 반대 의견을 표현할 때에는 미소를 띠고 침착하면서도 부드러운 목소리로 비언어적 표현과 함께 상대방을 향한 온정이나 배려가 담겨 있는 느낌으로 대화를 해야 한다. 대화에서 신뢰감을 형성하는 데는 무엇보다도 상대방이 중요한 존재이며 특별한 존재임을 인식시키면서 대화하는 기본자세가 필요하다.

또한 만남에서 헤어짐까지 성실한 자세로 대화를 해야 한다. 성실성이란 정성스럽고 진실된 품성을 말한다. 즉 화자는 대화 과정에서 시종일관 상대방에게 진실되고, 개방적이고, 정직하고, 신뢰감 있는 사람임을 보이려고 노력하는 것이 필요하다. 그렇다고 화자의 모든 감정을 모두 있는 그대로 표현할 것을 요구하는 것은 아니고, 말하고자 하는 주제와 내용 또한 이를 표현할 때에 진실되고 일관성이 있어야 한다는 것이다.

우리는 일상생활에서 남을 배려한다는 마음에서, 상대가 부정적인 반응을 초래할까 불안한 마음 때문에 감정표현을 자제하거나 회피하고 심지어는 거짓말을 하는 경우도 있다. 이렇듯 솔직하지 못함이 오히려 나쁜 결과를 가져온다는 것을 명심해야 한다. 대화 중에 상대방의 태도가 마음에 들지 않는다면 솔직하게 말해서 문제를 해결하는 것도 중요하다.

통하는 대화에는 순서가 있다

대화에는 순서가 있다. 순서까지 따져가면서 대화를 해야 하냐고 반문하는 사람도 있을지 모르지만, 성공적인 대화를 이끌어 가기 위해서는 먼저 상대방과 화자의 감성이 열린 상태에서 대화를 해야 하기 때문이다.

우리의 이성적 판단은 감성을 바탕으로 나타나기 때문에 순서에 맞는 대화법을 생각하면서 대화하면 좀 더 자연스러운 분위기를 연출하게 되어 상대의 긍정적인 판단을 유도할 수 있다. 만약 우리가 순서를 무시하고 바로 본론으로 들어가는 경우를 생각해보자. 얼마나 어색할 것인가. 또 화자의 계산적인 모습에 상대방은 마음의 문을 결코 열지 않을 것이다. 생산적인 대화를 원한다면 어떤 사람을 만나든 대화의 순서를 생각하면서 임하면 좋은 인간관계를 맺을 수 있다.

처음이 끝을 지배한다

누구와의 만남이든 처음에는 서먹서먹할 수밖에 없다. 이런 어색한 분위기를 전환시킬 수 있는 게 친밀감이다. 그것은 상대방을 향한 작은 관심에서부터 비롯되는 첫 대화를 통해서 가능하다. 따라서 만남을 시작하는 단계에서 대화는 친밀감을 높이는 데 매우 중요하다.

친밀감을 높이는 대화 방법에는 다섯 가지 단계가 있다.

첫째, 친밀감을 높이려면 일상적인 대화로 시작한다. 일상생활에서 흔히 일어날 수 있는 일을 주제로, 대화능력이 부족한 사람도 특별한 기술을 요구하지 않기 때문에 누구나 쉽게 할 수 있다.

● 처음에는 어색함을 깨기 위해 일상적인 가벼운 이야기로 대화를 푼다.

"오늘 날씨가 참 좋지요? 제 마음까지 환해지는 것 같아요."

"지금 밖에는 비가 많이 옵니다. 벌써 장마가 시작되었나 봐요."

"오다 보니 길가에 꽃이 활짝 피었던데요."

● 상대방에 대한 관심을 표현하기 위해 상대방의 행동을 보고 나서 물어본다.

"요즘 어떤 책을 읽으세요? 서점에 들러본 지가 오래되어서… 혹시, 읽고 계시는 책 제목을 알려주시면 저도 한번 읽고 싶습니다."

"여기까지 오시는데 차가 많이 막혔지요? 고생하셨습니다."

"식사는 하셨나요?"

"어머! 그 머플러 참 잘 어울리시네요. 센스가 보통이 아니신데요."

둘째, 친밀감을 높이기 위해서는 공감대를 형성할 수 있는 대화로 시작해야 한다. 화자와 상대방이 빨리 친해지려면 공감대를 찾아서 대화를 나누는 것이 좋다. 예를 들면 우리나라 사람들이 처음 만나 학연, 지연, 혈연을 찾는 것도 일종의 공감대 찾기이다. 이런 대화도 친밀감을 높이는데 도움이 된다.

● 공감대를 갖기 위해 같은 취미나 고향이야기 또는 같이 활동했던 상황 등을 거론한다.

"아! 그 영화 저도 참 재미있게 보았습니다."

"어머 그러세요? 저 역시 학창시절을 바다가 보이는 동해에서 보냈어요."

"전에 외국 여행을 같이 했던 추억이 아직도 기억에 남네요."

셋째, 친밀감을 높이려면 서로를 존중해주는 대화로 시작한다. 처음 만나서 친밀감을 높이려면 상대방에 대한 관심과 배려로 대화를 시작해야 한다. 예를 들면 상대방에 대한 칭찬으로 대화를 시작하거나, 만남의 기쁨이나 감사를 전하는 대화로 시작하면 서로가 마음의 문을 열고 친밀감을 나눌 수 있다.

- 상대방을 인정하는 의미에서 타인의 외양이나 행동을 칭찬한다.

  "꽃무늬가 선생님 이미지와 참 잘 어울리는데요."

  "어쩜, 피부가 애기처럼 참 깨끗하시네요."

  "목소리가 성우 같으세요.

- 만나게 된 것에 대한 기쁨이나 감사를 전한다.

  "어떤 분이신가 궁금했는데 드디어 뵙게 되었네요."

  "만나뵈어서 참 행복합니다."

  "말씀만 들었는데 이렇게 뵙게 되니 반갑습니다."

서로의 마음의 문을 여는 데는 역시 상대의 따뜻한 마음의 표현이 최고의 방법이다.

대화가 유지되면 반은 성공한 것이다

일단 대화가 시작되었다면 그 대화를 성공적으로 이끌기 위해서 대화를 유지하는 방법을 알아야 한다. 대화 유지에는 일반적으로 1번 말하고 1번 듣는 균형의 원리와 교환의 원리를 지켜야 한다. 결국 대화를 성공적으로 유지하려면 균등하게 대화를 주고받아야 한다.

- 자신의 의견을 드러낸다.

  상대방의 말에 맞장구를 친다. 공감하고 이해하고 있음을 알게 되면 상대방은 신나서 더 많은 말을 한다. 맞장구는 상대의 말을 잘 듣고 있다는 표현으로, 상대방 말을 그대로 반복하거나 동의한다는 뜻을 보여줌으로써 다음 대화의 주제로 연결하는 중요한 역할을 한다. 막연한 말의 반복보다는 상황이나 때에 맞는 진솔한 맞장구를 쳐주어야 한다.

"우와."

"정말이니, 역시 넌 최고야. 그래서 다음에는 뭘 할 건데?"

"네, 상당히 좋은 생각이군요."

"네, 옳은 말씀이세요."

"그렇지요."

"정말 대단해요."

● 개방 질문(open question)을 한다.

대화를 지속적으로 유지하려면 질문을 하는 방법이 좋다. 특히, 토론과 같은 쌍방향 커뮤니케이션에서는 질문을 사용하여 더 좋은 대화를 진행해나갈 수 있다. 좋은 질문은 상대의 생각을 이끌어낼 수 있는 능숙한 커뮤니케이션 기법 중 하나이다. 대화 중 상대에게 제시하는 질문은 개방형 질문과 폐쇄형 질문으로 나뉜다. 개방형 질문을 함으로써 화자에게 자유로운 선택의 기회를 주고 대화를 더욱 흥미 있게 이끌 필요가 있다. 폐쇄형 질문을 하면 상대가 다음 말 선택에 머뭇거리거나 불편함을 느낀다.

"당신은 파란색을 좋아하나요?"보다는 "당신은 어떤 색을 좋아하시나요?"

"우리 설렁탕 먹을까요?"보다는 "무엇을 먹으면 좋을까요?"

"화요일이나 금요일에 만나는 게 어때요?"보다는 "주중에 어떤 날이 편하신가요?"

　이렇듯 화자가 먼저 결정을 내리고 묻는 것이 아니라 상대의 생각 폭을 넓혀줌으로써 좀 더 생산적인 대화시간을 만들어가자.

● 상대방이 싫증 내는 기색이 보이면 자연스럽게 대화 내용이나 분위기를 전환한다.

　대화를 하다 보면 상대방이 나의 말을 재미없어 하거나 싫증을 내는 경우가 있다. 이러한 상황을 무시하고 대화를 계속 진행하면 대화가 단절되거나 상대방이 마음의 문을 닫아버려 역효과가 나기 쉽다. 이럴 때는 자연스럽게 대화를 전환하는 것이 좋다.

　대화 전환은 대화 내용을 바꾸는 것으로도 효과를 볼 수 있지만 상대가 피곤한 기색을 보일 경우에는 분위기 또는 장소를 재조성하는 것도 좋은 방법이다. 상대가 극진한 대우를 받고 있다는 느낌을 받아 설득 효과를 높이는 작용을 한다.

　"그 말씀을 하니 제가 겪은 에피소드가 생각나는군요."

　"어머! 하늘 좀 보세요. 구름 한 점 없이 어쩜 저렇게 파랄까요?"

　"이곳이 좀 답답하지요? 마침 출출한데 제가 알고 있는 시원하고 편안한 식당에서 간단한 식사라도 하시면서 말씀을 나누시면 어떻겠습니까?"

● 상대방의 개인적인 정보, 견해, 공동의 경험을 나누면 대화가 더 풍부해진다.

　누구나 자신에게 관심을 보이는 사람을 좋아한다. 따라서 대화를 유지하기 위해서는 상대방에 대한 관심을 나타내는 뜻으로 개인적인 정보, 견해, 경험을 나누면 도움이 된다.

· 개인적인 정보 : "다른 분에게 말씀을 들으니 미술에도 조예가 깊다면서요?"
· 견해 : "제 생각으로는 참으로 현명하게 잘하신 것 같아요."
· 경험 : "전에 그 집에서 맛있게 먹었던 김치찌개가 또 생각나지요?"

완벽한 성공은 마무리가 지배한다

호감이 있음을 암시하고 항상 인식하고 있다는 것을 넌지시 알리는 것은 상대방에게 즐거운 일일 것이다. 따라서 대화 중에 좋은 감정을 자주 나타내면 상대방의 마음속에 있는 얼음을 녹일 수 있다.

"오늘 이야기를 들어보니 당신이 맘에 드는군요. 다음에 또 뵙고 싶습니다."

"참으로 감명을 받았습니다. 살아가면서 많은 도움이 될 것 같습니다."

● 상대방과의 만남에 대한 기쁨을 최대한 표시한다.

"오늘 선생님 덕분에 참 즐거운 시간을 보냈습니다."

"오늘 뜻밖에 많은 것을 배웠습니다. 기억에 남는 귀한 만남이 될 것 같습니다."

● 기분 나쁘지 않게 자연스럽게 대화를 끝내는 방법

· 모임 장소에서 다른 사람을 소개한다.

· 주변을 정리한다.

· 슬쩍 시계를 들여다보며 갈 시간임을 암시한다.

· 약속이 있어서 가봐야겠다고 양해를 구한 다음 다시 만날 것
  을 제의한다.

대화 환경이 절반의 성공을 좌우한다

마음의 문을 열고 대화를 시작하는 첫 단계는 적당한 환경의 제공이
다. 환경이 좋아야 대화가 바르게 진행된다. 대화 환경에는 물리적
환경으로 장소와 시간적 개념, 심리적 환경으로 불안한 마음 등이 있
다. 상대방은 물리적 · 심리적으로 편하지 못하면 대화에 몰입하기가
어려울뿐더러 그 자리를 빨리 떠나려는 마음이 앞서서 결국은 역효
과를 내기 쉽다.

중요한 내용일수록 환경의 영향은 더욱 영향을 미친다. 따라서 다
른 어떤 것에도 방해받지 않고 대화를 나눌 수 있는 환경은 절반의 성
공을 가져오는 것이다. 좋은 대화를 위해서는 상대방이 편안하게 행
동할 수 있어야 하며 여유 있는 마음을 갖도록 대화 환경을 조성해야
한다. 실제로 대화 환경 때문에 상대방이 자신도 모르게 설득되거나,
반대로 긍정적인 마음이었다가도 대화 환경이 나빠서 좋지 못한 결

과가 나오는 경우가 있다는 것을 명심해야 한다. 대화하기 좋은 공간을 만드는 방법은 다음과 같다.

산만한 주위로부터 벗어난다

이야기할 만한 사적인 장소를 마련한 다음 주위에 산만한 것을 없애도록 한다. 식당, 커피숍, 복도 등은 오고가는 사람들의 방해를 받을 수 있다. 또한 전화벨이나 기계작동 소리 등으로 대화가 끊어질 소지가 있는 사무실은 피하는 게 좋다. 화자가 계속 시계를 흘끔거리면서 TV나 신문을 보며 앉아 있는 것은 실례가 되므로 조심해야 한다.

친근한 공간을 조성한다

타인을 만나기 전에 먼저 상대방이 어떤 분위기를 좋아하는지 알면 성공적인 대화를 이끌어 가기 유리하다. 공간이 너무 비좁거나 크지 않은 곳을 택해야 하며 탁자와 의자가 있으면 좋다. 거리는 친밀감을 줄 정도가 좋으며 너무 가까운 자세로 상대가 위협감을 느끼지 않도록 세심한 배려를 해야 한다.

자신을 이미지 메이킹한다

보통 사람들은 처음 만나서 약 3~10초 사이에 얼굴 표정과 외모, 말 한마디를 통해서 상대방을 평가하게 된다. 대화를 나누어야 하는 상대방은 좋은 이미지를 가진 화자를 원한다. 따라서 화자는 자신의 목적을 완수하기 위해 만나는 사람들에게 호감과 만족을 주어야 함이 마땅하다.

또한 화자는 대화의 목적에 따라 자신의 직업이나 신분, 맡은 역할에 가장 잘 어울리도록 자신의 이미지를 나타내야 한다. 예를 들어 전문가로서 상대방을 설득하려면 전문적인 직업에 어울리는 이미지 메이킹을 해야 신뢰감을 준다.

표면적인 것보다
내면의 가치에 귀 기울여라

사람들은 정서적으로 솔직하지 못한 때가 많다. 자신을 있는 그대로 표현하지 않고 미화하거나, 현재 상황과는 정반대로 이야기하는 경우가 많다. 자기 현실은 그렇지 않음에도 불구하고 자신을 좋게 보이려고 하는 의도 때문이다. 반면에 진실대로 말하면 상대방에게 부담을 주기 때문에 사실을 숨기다 보니 그렇게 말하게 되는 것이다. 특히 처음 만나는 사람과는 서로 경계하다 보면 더욱 그렇다.

따라서 무조건 상대방의 말을 100% 믿으면 심각하게 곤란 상태에 빠질 수도 있다. 사람이 하는 말에는 표면적인 의미보다는 내면적인 의미가 많기 때문에 상대방이 말하는 이면에는 어떤 의미가 있는지를 분석해볼 필요가 있다.

실제로 사람들이 표현하는 말에는 다음과 같은 의미가 포함되어 있다.

· 처음 만났는데 "어디서 많이 뵌 분 같아요"라는 말은, 상대방과 친해지고 싶다는 의미를 내포하고 있다.

· 만났다가 헤어질 때 "나중에 연락할게요"라는 말은, 그냥 헤어지면 섭섭해서 의미 없이 던진 말이므로 기다리지 않는 게 좋다는 의미를 내포하고 있다.

· 너무 사랑해서 한시라도 떨어지기 싫어하는 연인 사이에서 어느 한쪽이 "나 먼저 갈게"라고 하는 말은, 나 집에 가는 것보다 당신과 같이 있고 싶으니 잡아달라는 의미를 내포하고 있다.

· 무언가 질문하는 사람에게 "왜 그게 궁금하세요?"라고 하는 말은, 그런 것은 대답하고 싶지 않으니 묻지 말라는 의미를 내포하고 있다.

· 오랜만에 만난 사람에게 정답게 "잘 지내고 있었어?"라고 하는 말은, 당신이 많이 보고 싶었다는 의미를 내포하고 있다.

· 남자들이 여성에게 하는 "그냥"이라는 말은, '나는 네가 좋아!'라는 의미를 내포하고 있다.

· "당신은 좋아 보이네"라는 말은, '나는 현재 별로 행복하지 않아'라는 의미를 내포하고 있다.

· 이별 뒤에 만나서 하는 "요즘 당신은 뭐하면서 지내?"라는 말은, '당신이 많이 보고 싶었어'라는 의미를 내포하고 있다.

· 이별 뒤에 만나서 하는 "좋은 사람 만났니?"라는 말은, '나는 아무리 찾아봐도 너만큼 좋은 사람이 없더라'라는 의미를 내포하고 있다.

· 연인들이 헤어지는 자리에서 하는 "행복해야 해"라는 말은, '다

시 한 번 생각해서 나에게 돌아오면 안 되겠니?' 라는 의미를 내포하고 있다.

· 연인들이 헤어지면서 하는 "가끔 내 생각나면 연락해"라는 말은, '나는 네가 무척 그리울 거야' 라는 의미를 내포하고 있다.

이처럼 표면적인 대화(단어)에만 신경 쓰지 말고 내면적으로 어떤 의미를 전달하려는지 주의 깊게 관찰하면서 대화를 하면 성공적인 대화가 될 것이다. 그러나 상대의 마음을 읽는 일은 결코 쉽지 않다. 잘못하면 오해를 하게 된다. 많은 시행착오를 거듭하다 보면 점차 경험을 통해 상대방이 표현하고자 하는 내면의 의미를 알게 된다.

상황에 맞는 바른 판단을 하기 위해서는 이 부분에 관한 지식과 기술을 습득하는 데 자신만의 노력의 시간을 투자해야 한다. 그래야 비로소 당신은 능수능란하게 대화를 주도해갈 것이며 당신을 찾는 사람들이 많아질 것이다.

인생의 가장 아름답고 가장 좋은 것은 볼 수도 만질 수도 없다.

그런 것들은 마음으로 느껴야 한다.

___헬렌 켈러

칭찬은 불가능을 가능으로 바꾼다

칭찬이 중요한 이유는 여러 가지가 있지만, 특히 대화에 있어서 칭찬이 중요한 이유는 불가능을 가능으로 만들기 때문이다. 지혜로운 평강공주의 칭찬과 믿음은 바보 온달을 훌륭한 장군이 되게 하였고, 또한 듣지도 보지도 말도 못하던 헬렌 켈러에게 설리번 선생의 진심어린 칭찬은 세기의 기적을 만들어주었다.

우리 주위에는 칭찬의 힘으로 변화된 사람들이 수없이 많다. 칭찬은 사람을 기분 좋게 만들 뿐만 아니라 한 사람의 미래를 건강하게 만든다.

의학적으로도 칭찬을 받으면 각종 면역강화 물질의 분비가 촉진된다는 보고가 있으며, 이는 다시 뇌로 피드백되어 불필요한 스트레스 호르몬의 분비를 억제시킨다. 그 결과 자율신경계가 늘 편안한 상태에 있어 최적의 신체 상태를 유지하기 때문에, 건강한 몸을 유지할 뿐 아니라 목표 달성을 위하여 노력하는 자세를 만들었다.

이 밖에도 칭찬의 장점은 끝이 없다. 칭찬은 상대방을 정서적으로 긍정적인 상태에 놓이게 함으로써 자신감을 북돋워 강하게 만들어준다. 또한 칭찬은 듣는 사람만이 아니라 하는 사람에게도 신뢰감을 갖게 해줌으로써 좋은 인간관계를 맺도록 해준다. 또한 칭찬은 전염성이 강해서 긍정적인 마음을 만들어주며 사람들에게 기쁨을 준다. 이것을 한 번 느낀 사람은 칭찬의 중요성을 깨달아 다른 사람을 칭찬하려고 한다. 따라서 화자의 칭찬을 받은 상대방은 동료를 칭찬하고, 이웃을 칭찬하고, 인간관계가 좋아진다.

이처럼 칭찬이 좋다는 것은 다 알지만 칭찬을 잘하는 사람은 드물다. 평소 칭찬을 해보지 않던 사람이 어색하게 하면 오히려 역효과가 나는 경우도 있다. 칭찬은 받아본 사람만이 할 수 있으며, 연습을 할수록 잘하기 때문이다. 칭찬을 잘하는 방법은 다음과 같다.

● 평범하고 하기 쉬운 칭찬부터 시작한다.

가장 하기 쉬운 칭찬부터 시작하는 것이 좋다. 상대방이 매번 잘 해오던 일이어서 당연히 그러려니 했던 사소한 일부터 하나하나 칭찬하는 것이 중요하다.

● 왜 칭찬을 하는지 구체적인 이유를 말해준다.

칭찬을 할 때는 구체적으로 이유를 말해주는 것이 중요하다. 이렇게 해야 상대방은 어떤 이유로 자신이 칭찬받았는지 분명하게 알 수 있고 이후에도 같은 행동을 계속하게 된다.

초등학교 5학년인 민규는 점심시간에 친구들과 함께 축구를 하다가 다리를 다쳤다. 그런데 오늘은 청소 당번이다. 민규는 방과 후 빨리 집에 가서 쉬고 싶은 마음이 굴뚝 같았지만 아픈 다리를 끌며 꾹 참고, 친구들과 함께 청소를 하였다.

다음날 이 소식을 알게 된 담임선생님은 친구들 앞에서 민규의 책임감 있는 행동에 대해 칭찬을 했다. 민규는 어제 다리가 아팠음에도 불구하고 자신에게 주어진 청소 담당을 끝까지 책임 있게 수행하는 정말 멋진 모습을 보여주었다고 구체적으로 칭찬을 했다. 그날 이후로 민규네 반은 전교에서 제일 깨끗하며 솔선수범하는 최고의 반으로 선정되기도 하였다.

● 성공한 결과보다는 과정을 칭찬한다.

결과에만 초점을 맞추어 칭찬하면 대화하는 동안 왠지 모를 압박감을 느끼게 된다. 그리고 열심히 일을 수행하다가도 일이 제대로 성사되지 않으면 쉽게 좌절하여 일의 마무리조차 짓지 못하는 경험도 있을 것이다. 따라서 일의 성패를 먼저 논하기보다 과정의 중요성을 높이 평가해주었을 때 맡겨진 일을 긍정적으로 끝까지 해내는 저력을 보이게 된다.

칭찬은 도약의 힘이다. 씨앗은 땅에서 썩어야만 열매를 맺을 수 있듯 아픔의 과정이 없는 결과는 결코 좋은 결실을 맺을 수 없다. 설령 그 일이 만족스럽지 못한 결과를 가져왔더라도 과정과 경험을 통해 우리는 지혜를 얻고 새로운 도전을 시작할 수 있다.

· 결과를 중시한 칭찬 : "당신이 목표를 달성하여 참 기쁩니다."
· 과정을 중시한 칭찬 : "이렇게 목표 달성을 한 것은 지금까지 고 생한 대가입니다."

● 말뿐만 아니라 몸으로 칭찬해준다.

칭찬을 말로만 하면 상대방은 농담이라고 생각하기 쉽다. 칭찬이 진실임을 인식하게 하려면 몸으로도 칭찬을 해야 한다. 때로는 열 마디 말보다 몸짓 하나가 더 강렬하고 함축적인 의미를 표현할 때가 있다. 상대방의 손을 꼭 잡아주거나, 따뜻하게 안아주기, 정감 어린 눈빛 보내기 등 다양한 표현이 있다. 이런 행동에는 '나는 당신을 신뢰한다.', '지금 당신의 행동이 너무 자랑스럽다' 라는 말이 포함되어 있다는 걸 상대방이 느끼게 해야 한다.

● 즉시 칭찬한다.

칭찬에도 적절한 타이밍이 있다. 칭찬받을 행동을 했을 때 즉시 칭찬을 해주는 것이 가장 좋다. 한참 지난 후에 칭찬하면 그 의미는 반감되며, 상대방은 화자가 자기 기분에 따라 칭찬한다고 여겨 앞으로 어떤 행동을 할 때 화자의 감정 상태부터 살피는 역효과가 나타나기도 한다.

● 스스로 한 일에 대해서는 더욱 많이 칭찬한다.

칭찬의 목적 중 하나는 상대방이 스스로 할 일을 찾아서 하게끔 만들려는 데 있다. 그러므로 시키지 않았는데 상대방이 알아서 했을 때에는 더욱 많이 칭찬해야 한다. 이는 성공할 수 있는 능력이 자라고 있다는 증거이므로 최고의 찬사를 해주어도 아깝지 않다.

● 약속을 지켰을 때에도 칭찬은 필수다.
　보통 자신이 정한 일을 잘 따라주었을 때에는 칭찬을 해주지만, 하지 말라고 한 일을 하지 않았을 때에는 당연하게 여기는 경우가 많다. 상대방에게 무엇인가를 금지시켰을 때에도 관심 있게 지켜보다가 정말 그 행동을 하지 않을 때에는 칭찬을 해주어야 한다. 그래야 그러한 행동이 지속될 수 있다.

　칭찬을 받아들이는 데도 요령이 있다. 칭찬은 상대방에 대한 호감의 표현이다. 따라서 칭찬을 잘못 받아들이면 오히려 분위기가 이상해지고 서먹서먹한 관계로 가기 쉽다. 칭찬을 받으면 상대방에게 감사 표시를 해야 한다. 상대방의 호의에 대한 감사 표시로서 상대방의 칭찬을 품위 있게 간단한 대답과 함께 받아들임으로써 상대방이 다음에도 기꺼이 칭찬을 하게끔 만들어야 한다.
　"감사합니다"라고 말하기보다는 "좋은 말씀을 해주셔서 힘이 납니다."
　"전혀 아닌데요." 또는 "잘못 보신 것 같아요"라는 말을 하면 칭찬을 거절하는 것이다. 결국 견해를 무시해서 더 이상 다른 칭찬을 하지 못하게 만드는 요인이 된다.

격려가 사람을 바꾼다

칭찬과 격려는 상대방의 대화 목표를 달성하는 데 중요한 동기 유발 수단이다. 따라서 칭찬과 격려는 거의 비슷해 보인다. 그러나 칭찬과 격려에는 엄연히 차이가 있다.

칭찬은 대체로 남보다 잘했을 때, 최고일 때 한다. 또한 남보다 잘한 것이 너무 대견해서 다음에 또 잘하라고 칭찬을 한다. 즉, 성공했을 때 주어진다. 그러나 격려는 아주 작은 것일지라도 열심히 노력한 것에 대해 주어진다. 실패했을지라도 노력한 데 대해 주어지는 것이 격려이다. 즉, 칭찬에는 경쟁정신이 포함되어 있고, 격려에는 협동정신이 포함되어 있다.

격려는 아무 때나 하는 것이 아니라 적시에, 올바른 생각이나 행동을 했을 때, 알맞게 하는 것이 효과적이다. 격려는 항상 필요한 것이기도 하지만 특히 상대방이 자신감을 잃어 도전할 마음을 잃어버렸을 때, 실천하던 일이 잘 풀리지 않아 곤경에 빠졌을 때, 쉬울 일인 줄 알고 시작했는데 일이 어려워졌을 때, 기대 수준이 높았는데 기대가 낮아졌을 때 필요하다. 이러한 상황에 빠지면 상대방은 어느 방향으로 자신의 생각이나 행동을 바꾸어가야 할지 몰라 어려움을 겪으며, 심지어는 좌절에 빠진다.

격려가 좋다고 남발하는 것은 삼가야 한다. 격려를 남발하면 어려운 일에 맞닥뜨렸을 때 혼자 해결하려고 하지 않고 화자의 도움을 받으려 하기 때문이다. 심하면 매사에 의지하려는 마음이 앞서 도전하려는 의지도 약해진다.

상대방을 자신 있게 하는 격려

· 당신은 참으로 굉장한 사람입니다.
· 당신은 앞으로도 그 일을 훌륭하게 해낼 수 있습니다.
· 당신은 남들에게 없는 특별한 능력이 있습니다.
· 나는 당신을 자랑스럽게 생각하고 있습니다.
· 정말 좋은 시도였습니다.
· 나는 당신을 믿습니다.
· 당신은 무엇이든지 할 수 있습니다.
· 당신은 모든 일에 사려가 깊군요.
· 당신은 참으로 지혜로우신 분이세요.
· 나는 당신이 해내리라 믿습니다.
· 정직하게 말씀해주셔서 감사합니다.
· 당신은 오늘 나의 마음을 기쁘게 만들어주셨습니다.

· 나는 항상 당신과 함께 하고 있답니다.

· 나는 당신과 함께 성공의 계단을 오르고 싶습니다.

· 나의 인생에 당신을 만난 것은 축복입니다.

· 나는 당신의 최선을 다하는 모습이 참 좋습니다.

스티그마 효과

사람에게 격려와 칭찬을 통해서 변화를 가져오는 것을 피그말리온 효과라고 하고, 이와는 반대로 부정적인 암시나 태도, 선입관을 가지고 대하면 상대는 그에 부응하는 행동을 나타내는데 이것을 스티그마 효과 또는 낙인 효과라고도 한다. 스티그마(Stigma)는 시뻘겋게 달군 인두로 가축에게 낙인을 찍는 것을 말한다.

전과나 이혼 등과 같은 좋지 않은 과거 경력이 현재의 인물 평가에 영향을 미쳐 나쁜 사람으로 낙인찍히면 그는 의식적·무의식적으로 그렇게 행동하게 된다는 것이다. 낙인 효과는 열린 공간보다는 한정된 공간이나 구성원이 제한되고 긴밀한 관계일수록 더욱 강한 효과를 보인다.

이 이론은 원래 범죄학 이론인 낙인 이론(labeling theory)에서 왔다. 1960년대에 등장했는데, 제도, 관습, 규범, 법규 등 사회를 유지하기 위한 기본적인 제도적 장치들이 오히려 범죄를 유발한다는 이론이다. 사회적 규범에서 볼 때 어떤 특정인의 행위가 이 규범에서 벗어났을 경우, 단지 도덕적인 이유만으로 나쁜 행위자로 규정하고 당사자를 일탈자로 낙인찍으면, 결국 그 사람은 범죄자가 되고 만다. 당사자의 행위 자체가 범죄이거나 반도덕적 행위가 아님에도 불구하고 과거의 행위로 인한 선입견 때문에 사회가 그렇게 규정함으로써 그는 또다시 범죄를 유발하게 된다는 것이다.

낙인 효과는 낙인 이론에서 유래한 용어로, 범죄학뿐 아니라 교육학, 사회학, 심리학, 정치학, 경제학 등에서도 쓰인다. 예를 들어 어린 아이를 보고 주위에서 '바보'라고 낙인찍어버리면 이 아이는 갈수록 의기소침해지면서 자신이 진짜 바보인 줄 의심하게 되어 결국은 진짜 바보가 될 수도 있다.

이렇듯 대화에 있어서 낙인 이론은 무서운 것이다. 대화도 하기 전에 '저 사람은 나쁜 사람이야'라고 규정해버리면 더 이상 대화가 진행되지 못할 뿐만 아니라 대화 자체가 이루어지지 못한다. 따라서 과거의 한두 가지 일 때문에 다른 사람을 규정해버리는 것은 옳지 않다. 이 세상을 살아가는 우리 모두는 어찌 보면 다 낙인 이론을 받아야 할 것이다. 죄를 짓지 않고 살아가는 청렴결백한 사람이 진정 있을까? 단지 죄가 밖으로 드러나면 죄인이 되고 드러나지 않으면 의인처럼 살아가는 모순 속에 우리는 살고 있다.

자, 이제 우리는 상대를 대할 때 현재 그대로의 모습으로 받아들이고 긍정적인 사고로 대화의 문을 열어가자. 그렇게 함으로써 상대는 당신을 신뢰하고 서로가 행복의 길로 가게 될 것이기 때문이다.

위대한 결정은
직관에 의해 이루어졌다

직관이란 판단, 추론 등의 매개 없이 대상을 직접 인식하는 작용을 말한다. 즉 뇌의 사고작용을 거치고 않고 상대방의 대화 내용이나 행동을 보고 바로 판단하는 것이다. 뜨거운 물건을 만지면 자기도 모르게 반사적인 행동이 나오듯이 직관은 생각하지 않고 바로 행동으로 옮겨지는 것이다. 직관이 가능한 것은 그렇게 하도록 하는 힘이 우리 인간의 잠재의식 속에 존재하기 때문이다. 잠재의식에는 이미 많은 기준이나 방법이 있기 때문에 자동적으로 판단이 가능해지는 것이다.

대화과정에서 화자가 신속하게 판단해서 결론을 내려주어야 하는데, 신중한 것이 지나쳐서 갈팡질팡하는 모습을 보이면 상대방은 혼란에 빠지고 무기력해질지 모른다. 빌 게이츠는 "자주 직관에 의지하라"고 충고했다. 때로는 직관의 힘이 놀랄 만큼 정확하게 우리를 옳은 방향으로 이끈다는 것이다.

그렇다고 직관이 항상 옳은 것은 아니다. 수학과 과학의 역사에서 직관은 중요한 역할을 했지만, 많은 경우에서 혼동에 빠뜨리고 잘못 이끌기도 하였다. 그러나 때로는 무의식이 의식보다 효과적일 때가 있기 때문에 직관을 무시할 수도 없다는 결론을 내리게 된다.

성격이 신중한 사람은 지나친 정보 수집과 긴 결정과정이 특징이다. 신중한 것이 위험부담을 줄여주지만, 시간을 지체하는 것은 오히려 위험을 증대시키기도 한다. 《Good to Great》의 저자 짐 콜린스 역시 다음과 같은 말을 함으로써 신속한 의사결정의 중요성을 강조하고 있다.

"유능한 경영인은 결정이 아무리 힘들고 어렵더라도 결코 미루지 않는다. 실패한 결정 10개 중 8개는 판단을 잘못해서가 아니라 '제때' 결정을 못 내렸기 때문에 실패한 것이다."

경우에 따라서는 합리적 참여에 의한 의사결정을 따르기보다 화자의 통찰력과 직관에 의존한 의사결정을 내려야 한다. 당연히 거기에 따른 책임도 즐길 수 있어야 한다. 역사상 위대한 의사결정은 대부분 직관에 의한 것이다.

직관은 순간적인 판단에 의해서 이루어지므로 상당한 주의를 요한다. 직관은 상대방의 생각, 느낌, 행동이 말하는 것과 다를 때, 또는 말하는 것이 행동하는 것과 다를 때, 그리고 상대방의 생각과 타인의 생각이 다를 때 사용할 수 있다. 즉 직관은 상대방이 못 보고 지나쳐서 문제 상황에 그대로 처하게 하는 잘못된 점을 검토해보도록 인도하는 기술이다.

직관 기법은 상대방과 화자의 신뢰관계가 충분해 보일 때까지는 가급적 사용하지 말아야 한다. 또한 상대방이 직면을 받아들일 마음의 준비가 되어 있지 않을 때 직관을 사용하면 지금까지 쌓아온 신뢰관계가 깨어지기도 하고, 상대방의 마음을 아프게 하거나 좌절시키기도 한다.

핵심을 뚫어보는 올바른 직관을 갖기 해서는 다양한 독서와 명상이 개인적 바탕에 준비되어 있어야 함을 잊지 말자.

"직관을 따라야 창의력이 발현된다."
"직관을 따르는 일이야말로 가장 중요하다. 당신의 가슴 그리고 직관이야말로
당신이 진정으로 원하는 것을 잘 알고 있다. 다른 것은 부차적이다."

___스티브 잡스(애플사 최고 경영자)

공감이 대화에
생명력을 불어넣는다

공감은 타인의 사고나 감정을 자기의 내부로 옮겨 넣어 타인의 체험과 동질의 심리적 과정을 만드는 일을 말한다. 다시 말해 공감은 자신과 타인과 사물에 대한 이해의 근원으로서, 다른 사람의 입장에서, 다른 사람의 의미와 감정을 마치 자신이 그 사람인 것처럼 심리적으로 같은 경험을 하는 것이다. 공감은 인식하고 지각하는 데서 끝나는 것이 아니라, 상대의 입장이 되어 자신의 생각이나 느낌을 표현하거나 전달하는 능동적이고 적극적인 과정까지 포함한다.

즉 공감적 반응은 상대의 마음을 열고 닫을 수 있는 중요한 요소이므로 신중히 표현해야 한다. 여기에 대화 중 적절한 맞장구는 상대의 마음에 동의한다는 표현으로 적절히 사용하면 대화에 더욱 좋은 효과를 나타낼 수 있다.

다음과 같은 표현으로 공감을 나타내자.

152

"네, 맞아요."

"어쩌면 그럴 수가 있어요?"

"나라도 그랬을 것 같아요."

"그 부분에 대해서 좀 더 자세히 이야기해줄래요?"

"정말 재미있네요. 계속해보세요."

"그 결과 어떻게 되었는지 궁금해요."

"정말 멋진 생각이세요."

공감은 상대방이 심리적으로 약해 있거나 때로는 자신에 대해 불확실한 느낌을 갖고 있을 때 더욱 효과가 있다. 따라서 화자가 상대방과 대화를 나누는 동안, 상대방의 입장이 되어 그의 세계를 공유하고 자신의 생각과 느낌을 표현하는 것이 공감이다.

공감은 상대방에게 자신의 말이 주의 깊게 경청되고 있음을 전달하는 방법이며, 이를 통해 상대방의 방어심리가 축소되어 개방적인 표현이 보다 촉진된다. 공감을 느끼기 시작하면 상대방은 자신을 더 많이 노출함으로써 의사소통이 더욱 촉진되고, 관계가 두터워진다.

공감보다 더 확실한 반응은 동의다. 동의는 의사나 의견을 같이하거나 상대방의 행위를 승인하거나 시인해주는 것을 말한다. 동의는 상대방의 생각과 행동을 긍정적으로 평가해주는 것으로서 상대방을 더욱 솔직하고 편안하게 해준다.

따라서 화자의 동의는 상대방이 자기 생각대로 결론을 내리는 데 도움을 주며, 나아가 화자가 자신과 같은 뜻을 갖고 있는 사람이라는 생각에 마음의 문을 열고 대화에 적극 참여하게 하는 역할을 한다.

"네, 맞습니다."

"저도 그렇게 생각해요"

"제가 원하던 대답이네요."

"좋아요, 정말 좋은 생각이군요."

"제 뜻과 같아서 기쁩니다."

공감의 일종에는 '동정(同情)'이 있는데 엄격한 의미에서 동정과 공감은 구별되어야 한다. 동정은 타인의 사고 · 감정을 승인하고 상대에게 적극적인 감정을 지니는 것으로, 거기에는 보다 깊은 인간관계가 포함된다.

공감의 기능

- 서로에 대한 이해가 깊어져 친밀한 관계를 형성하도록 하여 대인관계를 원활하게 해준다.
- 서로에 대한 이해가 갈등을 해소시켜 관계를 더욱 견고하게 해준다.
- 남을 이해하는 마음이 커져 이타적 동기를 유발하여 공동체적인 사회 행동을 증가시킨다.
- 남을 의식하고 배려함으로써 비행 행동이 감소한다.
- 공감의 폭이 넓을수록 사회에 적응하기가 쉽다.
- 공감받는 동안 자신이 인류와 세상과 연결되어 있었음을 발견하게 되어 고립감이 없어진다.
- 자신이 인간으로서 가치 있는 존재라고 느끼게 해준다.
- 자기 수용 가능성이 점점 증대한다.

명쾌한 대화가 오해를 없앤다

사람들은 명쾌하지 못한 대화가 오고 가면 매우 혼란스러워한다. 상대방이 무슨 의도로 저런 말을 했는지 궁금하기도 하고 오해도 하게 된다. 오해가 생기면 별일도 아닌데 상대방의 마음을 아프게 하기도 하고, 원하는 것과 반대의 결과로 나타나기도 한다. 따라서 상대방을 편하게 하고 오해를 줄이기 위해서는 명쾌한 대화를 해야 한다.

명쾌한 대화란 화자가 상대방의 말에 대한 이해가 정확하게 되도록, 또는 의사소통의 단절이 일어났을 때 이를 회복하려는 시도이다.

명쾌한 대화는 대화과정에서 상대방의 이야기를 구체적으로 강화해줌으로써 상대방이 무슨 말을 하는지 어떤 의도가 있는지를 이해하는 데 도움을 준다. 즉 명쾌한 대화는 화자가 상대방의 문제와 관련하여 분명하고도 상세한 반응을 하게끔 해줌으로써 결국에는 상대방도 자신의 문제를 명쾌하게 말하도록 하게 된다.

명쾌한 대화는 화자의 대화 내용에 대해 상대방이 긍정적인 피드백을 제공해 대화를 지속시키려는 화자의 시도이기도 하다. 즉, 화자가 상대방의 메시지를 잘 이해하지 못했을 때 화자는 상대방에게 명쾌한 대화를 요구함으로써 의사소통의 단절을 막으려 한다. 명쾌한 대화를 요구하는 방법은 화자가 상대방의 대화를 잠시 멈추고 원래 메시지의 의미를 명백히 해주길 요청한다. 그러면 상대방은 화자가 잘 이해하지 못한 원래 메시지, 즉 전체 문장이나 명사구 또는 동사구의 의미를 다시 전달해준다. 이렇게 화자가 명쾌한 대화를 요구했을 때 상대방은 이에 적절히 반응함으로써 대화를 유지하게 된다.

예를 들면 다음과 같다.

"죄송하지만 지금 말씀하신 것이 이런 뜻이 맞는지요?"

"잠시만요. 지금 선생님께서 말씀하신 내용을 이렇게 이해해도 괜찮겠습니까?"

"죄송하지만 지금 제가 조금 잘못 들은 것 같은데 다시 한 번만 말씀해주시겠습니까?"

명쾌한 대화에 대한 반응은 대화 중에 화자가 표현한 요구에 대해 상대방이 보이는 반응이다. 상대방이 화자의 다양한 명쾌한 대화에 적절히 반응한다는 것은, 상대방이 의사소통을 계속하려는 노력을 해 화자가 자신의 메시지를 어느 정도 이해했는가를 살피고 화자의 명쾌한 대화의 구조와 의미를 이해한다는 것이다.

효과적인 의사소통을 위한 명쾌한 대화에 대한 반응은 언어습득의 한 요소로서 다른 언어 요소와 더불어 발달한다. 확인하기 위해 상대방의 메시지 일부 혹은 전체를 반복하여 원래 메시지의 의미를 확인하는 방법이다.

· 표현 끝부분의 음을 올리며 반복하는 경우

　A : 저는 행복해지고 싶습니다.

　B : 행복해지고 싶다고요?

· 축소해 반복하는 경우

　A : 저는 행복해지고 싶습니다.

　B : 행복?

· 부연해 반복하는 경우

　A : 저는 행복해지고 싶습니다.

　B : 당신은 행복해지고 싶다고요?

이와 같이 명쾌한 대화 방법은 화자가 제시한 주제를 상대방이 분명히 인지하는 과정 또는 단계이다.

윈-윈 하는 대화를 한다

윈윈(win-win) 전략은 미 행정부가 가장 먼저 주장했던 전쟁 개념이다. 당초 윈윈 전략은 전쟁 위험이 상존하고 있는 중동과 아시아를 축으로 고정시켜 만약에 두 곳에서 전쟁이 발생했을 때 두 전장 모두에서 승리를 이끌어낸다는 전략이론에서 나온 용어이다.

윈윈 전략은 양쪽 다 이익을 보아야 한다는 뜻으로 처음에는 전쟁 용어였지만 이제는 정치, 경제, 사회면으로 확대되어 사용되고 있다. 대화에서도 윈윈 전략은 절대적으로 필요하다. 대화에는 뚜렷한 목적이 있으며, 상호작용을 바탕으로 하기 때문에 서로에게 유익해야 한다. 한쪽에게만 유리하거나 일방적이어서는 대화가 유지되기 어렵기 때문이다.

내내 자신에게 이익이 되는 쪽으로만 대화를 하면, 상대방은 불쾌한 마음을 갖거나 대화를 시작한 것을 후회하고 만다. 그러면 상대방은 다음부터는 화자와의 대화를 꺼려한다. 따라서 대화에서 기본적으로 자신이 원하는 것이 있다면 상대방에게도 베풀 줄 알아야 한다. 베푸는 대화, 즉 윈-윈 하는 대화를 경험한 상대방은 화자에 대한 감정이 좋아져 다음에도 대화를 하자고 해도 긍정적이기 쉽다.

외국계 보험회사를 다니는 K본부장은 보험업계에서 막대한 수입을 올리기로 유명한 분이다. K본부장은 한번 고객을 만나면 꼭 자기가 원하는 보험계약을 얻어내는 데 귀재이다. 이러한 K본부장의 마케팅 능력을 부러워하는 후배사원들이 비결을 물었다. K본부장은 간단하게 이야기했다.

"고객과 윈윈 전략을 구사해야 한다."

K본부장은 보험 계약을 얻어내기 위하여 처음에는 간도 빼줄 것처럼 하지만 막상 계약이 체결되면 고맙다는 표현 한 번으로 끝내고 언제 보았냐는 식으로 대하면 영업직원으로서의 생명력이 짧다고 말한다.

K본부장은 계약이 끝나도 이메일이나 전화를 통해서 보험의 수익변동이나 재테크 전략, 정보 등을 지속적으로 보내주었다. 또한 계약자의 근무처나 거주지 근처에 가면 꼭 방문하여 회사에서 나오는 판촉물을 제공함으로써 고객이 지속적으로 관리를 받고 있다는 마음의 위안을 받게 해주었다. 결국 K본부장은 계약으로 얻은 이익 중에서 상대적인 이익을 고객에게 줌으로써 고객들이 주변에 있는 사람들을 소개해서 매출이 늘었다고 하였다.

결국 사람들은 서로에게 이익이 되는 대화를 원한다는 것이다. 따라서 대화에서 이익을 얻길 원한다면 상대방에게도 이익을 나누어주면서 대화해야 통화는 대화가 된다.

아이의 마음을 여는 통하는 대화법

적극적으로 들어준다

대화기술의 첫 번째 요소는 무엇보다 잘 듣는 것이다. 누군가의 이야기를 잘 들어준다는 것은 있는 그대로 받아들인다는 수용의 상태를 표현해준다. 사람은 자신의 있는 그대로를 아이가 진심으로 받아들이고 있다고 느낄 때, 심리적으로 안정감을 느끼고 성장하고 노력하고자 하는 의욕을 갖게 된다. 대부분의 부모들은 자녀 양육에서 잘못된 것을 지적하고 올바른 방법을 이야기해주는 것이 최선의 방법이라고 생각한다. 그래서 들으려고 하기보다는 잘못을 지적하고 해결방법을 알려주는 것에 관심이 많다. 그러나 이보다 더 중요한 것은 적극적으로 들어주는 것이다.

아이에게 좋은 대화 상대가 되어준다

부모가 훌륭한 대화 상대가 되려면 아이의 마음을 짐작할 수 있어야 한다. 좋은 말은 더 기분 좋게, 부담스러운 내용이라도 실망이나 다툼보다는 상호 이해에 이를 수 있도록 부드럽게 처리하는 요령이 필요하다. 성의 있고 진실한 자세, 아이에 대한 세심한 관찰, 긍정과 공감에 초점을 둔 대화 기법이 안정감 있는 인간관계를 보장한다.

자녀들의 입장에서 이해하려고 한다

아이들의 행동을 어른들의 입장에서 생각해 받아들이지 말고 우선 아이의 입장에서 생각해보도록 한다. 자녀와 부모 간의 대화에서 부모는 항상 훈계하려 하고 자녀는 변명하려는 입장이다. 따라서 아동이 부모와 처지가 다르기 때문에 부모의 입장에서 생각이 틀리더라도 아동의 입장에서 그럴 수밖에 없는 이유를 찾으면 대화가 부드럽게 진행될 수 있다.

즐거운 분위기에서 대화한다

부모와 자녀의 대화는 우선 함께 이야기할 수 있는 즐거운 분위기에서 가능하다. 함께 있어도 기분이 좋아야 대화가 이루어지기 때문이다. 가족이 함께 있으면 참 좋다는 느낌이 든다면 그것은 그야말로 최고의 즐거운 분위기이다.

그러나 즐거운 시간을 함께 보내는 데 있어서 중요한 것은 시간적인 양이 아니라 질이다. 즐거운 시간을 보내려면 계획이 필요하다. 그러므로 매일 부모도 즐기고 자녀도 즐길 수 있는 일을 잠깐

동안이라도 함께하면서 즐거운 시간을 보내도록 해야 한다. 가족 전체가 즐거운 분위기를 느낄 수 있는 것이 바로 가족 여행이다. 여행은 건물이 빽빽하게 들어서 있는 도시에서 살고 있는 아이들에게 자연과 접촉할 특별한 기회를 준다. 즉 대중매체와 인터넷 게임에 중독된 아이들에게 자연과 친해질 기회를 제공해 컴퓨터에서 멀어질 수 있도록 도와준다.

아이와 함께한다는 인식을 주어라

갓난아기 때에는 모든 것을 부모에게 의존하였다. 그러나 아이들이 점차 크면서 부모의 일부가 아닌 독립된 삶과 개성을 지닌 존재로 인정받기를 원한다. 품안에 있던 자식 생각만으로 자녀들을 구속하려고 하면 자녀들은 반발하고 만다. 따라서 자녀들의 마음을 열려면 부모는 자녀를 객관적으로 바라보아야 좋은 조언자가 될 수 있다.

부모는 아이와 '함께' 있어야 하지만 아이와 '하나'가 되어서는 안 된다. 즉 자녀의 문제는 자녀가 해결하도록 지켜봐주어야 하고 부모가 주도해 고민을 풀려고 해서는 안 된다. 아이들이 문제에 봉착해서 더 이상 해결할 기미가 보이지 않는다면 그때는 도움을 청하지 않더라도 부모가 나서야 한다. 따라서 부모는 자녀들에게 당장은 보이지 않지만 항상 든든한 후원자라는 믿음을 주면 자녀들은 마음의 문을 열게 된다.

있는 그대로의 모습을 받아들여라

아이들은 부모에게는 고민을 이야기하지 않으면서 선생님이나 친구 또는 상담가에게는 고민을 털어놓는다. 이유가 무엇일까? 부모는 아이들을 어린애 취급하여 인격을 무시하는 경우가 종종 있기 때문에 부모와는 고민을 나누려고 하지 않는다.

부모도 아이들을 있는 그대로 받아들여 하나의 인격체로 인정하면서 진심으로 걱정하고 있다는 느낌을 전달하면 아이들은 마음의 문을 열 것이다. 예를 들면 아이가 다쳐서 울음을 터뜨릴 때 "뚝 그쳐! 울면 바보야!"라고 어린아이처럼 달랬을 때보다는 "많이 아프겠다"라며 아이의 아픔을 내 아픔처럼 알아주었을 때 더 빨리 울음을 그치게 된다고 한다.

말속에 숨은 아이의 마음을 찾자

아이들은 대화 중에 불리한 상황에 놓이거나 어려움에 처할 경우 잘못된 사실을 말하거나 자신의 말속에 무언가를 숨기고 있는 경우가 많다. 하지만 어른들은 아이들의 이러한 심리 상태를 이해하지 못하고, 아이들이 느끼는 그대로 말한다고 생각해버리곤 한다.

표현된 말보다는 비언어적인 제스처에 귀를 기울인다. 자녀들은 부모와의 대화에서 가끔은 자신의 의사를 숨길 때가 있다. 따라서 표현된 말에만 신경을 쓰기보다는 목소리의 강약과 떨림, 시선, 제스처, 억양, 표정, 자세 등에 보다 많은 내면적 정보가 있다는 것을 인식하고 주의 깊게 보아야 한다.

아이가 하고 싶은 일에 대해 대화한다

아이들이 하고 싶은 일에 몰두하게 해주면 창의적 아이디어가 샘솟듯 쏟아져 나온다. 특히 지시와 명령 속에 자란 아이들에게 하고 싶은 일을 하게 해주면 꽁꽁 묶여 있었던 창의성이 출구를 찾으면서 술술 풀려나오는 것이다. 따라서 아이들이 하고 싶은 일을 찾아서 그 일을 하게 해주는 것이 좋다.

아이들에게 가장 하고 싶은 일을 물어보면 남자 아이들은 컴퓨터 게임〉놀기〉TV〉만화책〉운동〉공부〉댄스라고 답하였고, 여자 아이들은 놀기〉TV〉컴퓨터 게임〉만화책〉공부〉댄서〉운동 등으로 나타났다.

눈높이에 맞추어 대화한다

유아기의 특성 중 하나는 물활론이다. 피아제가 말하길 초기 아동기 때(2~7세)는 모든 물체가 살아 있다고 생각하는 물활론의 시기가 있다고 한다. 물활론은 아이가 자기중심적으로 생각하고 그에 따라 자기가 생각하는 대로 행동하고 전 세계가 자기감정과 욕망을 공유한다고 생각하는 것이다. 예컨대 해와 달은 그가 걸어갈 때 따라온다고 생각하고 높은 산은 키가 큰 사람이 올라가기 위해 크고, 작은 산은 키가 작은 어린이를 위해 작다고 생각하는 일이 유아에게는 가능하다.

따라서 유아기의 아이가 자기중심적 사고를 하는 것은 당연한 것이다. 따라서 아이의 이러한 대화에 부모가 찬물을 끼얹는다면 아이는 대화가 통하지 않는다고 생각할 뿐만 아니라 자신의 생각이 틀렸다는 마음이 들어 말을 하는 데 자신감을 잃어버린다.

제 **4** 장

눈치 못 채게
설득하고 군소리 없이
거절하기

말이 있기에 사람은 짐승보다 낫다.
그러나 바르게 말하지 않으면 짐승이 그대보다 나을 것이다.

___사아디 고레스탄

감정을 억제하고 우회하라

혼자서는 살아갈 수 없는 세상에서 우리는 수많은 사람과 만나고 많은 대화를 하며 어제를 살았고 오늘, 그리고 내일도 살아갈 것이다.

우연이든 필연이든 이 사회는 우리에게 만남을 준다. 그리고 우리는 좋은 관계를 맺기 위한 절대도구로 '말'을 하며 서로 맘이 통하기 위해서 대화를 한다.

그러나 좋은 뜻으로 이야기를 했지만 상대가 오해를 하거나 반감을 갖고 반박하는 경우가 있다. 이렇듯 예상치 못했던 다른 방향으로 대화가 진행되면 참으로 난감해진다.

자신이 의도하는 목적에서 벗어나 상대방과 갈등하게 되는 대화는 언제 어디서든 일어날 수 있는 상황이다. 이런 경우에는 혹시 상대방과 내가 감정의 혼란을 겪고 있는 것은 아닌지 검토해보아야 한다. 서로의 뜻을 주장하다 보면 당연히 감정을 건드릴 수가 있기 때문이다.

이러한 상황을 예방하기 위해 단어 하나하나를 신중히 선택해야 하며 예의를 지켜 정중한 태도로 대화를 해야 한다. 또한 이럴 때 필요한 것이 바로 상대방을 설득하는 기술이다. 거절은 상대방의 요구나 제의 따위를 받아들이지 않고 물리치는 것을 말한다. 그렇다면 상대방을 가장 잘 설득하고 불만 없이 거절하는 방법은 없을까?

중국인들이 자주 쓰는 '우회전술'이나 손자병법의 주요 병법 중 하나인 우직지계(迂直之計)가 있다. '남보다 늦게 출발했지만(後人發) 먼저 도착할 것이다(先人至)'라는 우직지계의 효과는 비록 병법에서 적군과 요충지를 다투는 전술로 사용되었지만, 설득이나 거절을 위한 지혜에도 적용할 수 있다.

아우슈비츠에서 살아남은 철학자 빅터 프랑클(Victor Frankle)은 나치의 잔인함을 대놓고 비난하지 않았다. 수용소 생활 모습 하나하나를 담담하게 그려낼 뿐이다. 굴뚝에서 부모 형제의 시체를 태우는 연기가 나오는 건물 옆에서 일해야 하는 유태인들, 눈을 부릅뜬 시체를 마주하고서도 너무 배가 고파 허겁지겁 마른 빵조각을 몰아넣는 자신의 처지 등. 그의 글 속에는 '살인마', '악마' 등등의 격한 표현이나 증오는 한마디도 등장하지 않는다. 그럼에도 그의 글을 읽는 독자들은 나치의 만행에 치를 떨게 된다. 이처럼 은근하게 접근하면 직설적으로 말한 것보다 훨씬 효과적으로 설득할 수 있다.

이처럼 자신의 의도를 상대방에게 관철시키기 위한 설득이나 거절에서도, 내가 하고 싶은 이야기를 상대방에게 직접적으로 말하는 것은 위험하다. 간접적으로 우회하는 설득은 자신의 약점을 강점으로 만들고, 상대방의 강점을 약점으로 만든다.

이것은 통찰력 있는 사람만이 할 수 있는 고도의 이성적 전략이며 상대방이 스스로 알아차리게 하는 설득의 가장 고차원 방법이다. 때로는 시간이 더디고 돌아가는 고통이 힘들지만 결국 그 고통은 서로의 이익으로 전환되고, 더욱 빨리 가는 설득의 효과를 가져올 수 있다. 감정을 억제하고 우회하는 것은 분명 힘들지만 가장 뒤탈 없이 상황을 반전시킬 만한 강력한 힘을 발휘한다.

타이밍 맞추기

"사람이 하는 모든 일은 타이밍이 맞지 않으면 손해를 입고 심지어 망할 수도 있다."

미래학자 앨빈 토플러(Alvin Toffler)가 그의 명저 《부의 미래》에서 한 말이다.

타이밍(timing)이란 동작의 효과가 가장 크게 나타나는 순간 또는 주변의 상황을 보아 좋은 시기를 결정하는 것이다. 따라서 타이밍을 잘 맞추면 좋은 효과나 결과를 얻을 수 있지만 타이밍을 잘못 맞추면 오히려 반대의 결과를 초래할 수 있다.

설득이나 거절에 있어서도 마찬가지로 타이밍의 법칙이 적용된다. 설득도 이미 상대방이 마음의 문을 닫아버린 상태에서 하면 아무 효과가 없다. 아직 마음의 문을 닫지 않고 일말의 가능성이 있을 때 설득을 해야 한다.

사랑 고백도 일종의 설득이기에 타이밍의 법칙이 지배한다. 사랑 고백이 너무 빠르면 차이기 십상이고, 너무 느리면 다른 사람에게 뺏길 우려가 있다. 과감성과 용기만을 내세워서 고백했다가는 후회할 일이 생기기도 한다. 지금까지의 관계보다 더 악화되어 시간을 더 두었더라면 정말 좋았을 걸, 후회해봤자 이미 놓쳐버린 기차가 될 것이다. 따라서 사랑 고백은 충분한 정신적인 교감이 이루어진 후 상대방이 받아들일 마음 자세가 되어야 한다. 물론 사랑 고백을 받아들이기 편한 분위기를 만들면 더욱 효과적으로 고백할 수 있다.

거절도 마찬가지다. 거절은 상대방의 상황이 최악인 상태에서 하게 되면 상대방에게 커다란 아픔을 준다. 따라서 상대방의 상황이 거절의 충격을 받지 않을 만큼 여유가 있거나 다른 사람에게 제안을 할 수 있을 때 하는 것이 가장 좋은 타이밍을 맞춘 것이다. 이처럼 사랑 고백이나 설득은 친해진 다음에 해야 하며, 거절은 상대방의 타이밍에 맞춰 절묘하게 하면 의외로 좋은 성과를 거둔다.

촌철살인의 힘

현명한 철학의 나라 독일 국민들을 전쟁으로 내몬 선동의 달인 아돌프 히틀러(A. Hilter)를 모르는 사람은 없을 것이다. 그의 연설은 천천히 부드럽게 시작하지만 아무도 눈치 채지 못한 사이에 울부짖음에 가까운 절정에 이른다. 그리고 박수가 터져 나오면 히틀러는 주저 없이 단상을 내려와버린다. 그의 연설을 들은 사람들은 번개를 맞은 듯이 꼼짝 못하고 서서 열광할 수밖에 없다. 귀가 들리지 않는 장애인일지라도 그의 연설하는 모습만으로도 가슴이 요동친다.

그의 연설이 합리적인 독일 국민들을 전쟁에 내몰도록 설득한 비결은 무엇일까. 그의 연설은 칼로 무를 썰듯 단호한 손동작과 명쾌하게 끊어지는 단어들과 군더더기 없는 화술로 이루어졌다. 말을 너무 자세하게 하면 오히려 사람들에게 결단력이 없어 보여 설득하기 어렵다. 따라서 대화에서 필요 없는 군더더기는 과감하게 생략하는 습관을 들여야 한다.

촌철살인(寸鐵殺人), 원래의 뜻은 '촌(寸)'이란 보통 성인 남자의 손가락 한 마디 길이를 말하며, '철(鐵)'은 쇠로 만든 무기를 뜻한다. 따라서 '촌철'이란 한 치도 못되는 무기를 의미한다. 그러므로 촌철살인이란 날카로운 경구(警句)를 비유한 것으로, 상대편의 허를 찌르는 한 마디 말이 수천 마디의 말을 능가한다는 뜻이 담겨 있다.

중국에서는 지체 높은 집안에 손님이 찾아와 주인과 대화를 나누면 병풍이나 발 뒤에서 가신이 그 대화를 일일이 기록하였다. 마치 신하가 임금을 알현하여 아뢸 때 사관이 그 대화를 기록해놓는 것과도 같았다. 지금도 집안마다 그런 풍속이 있다면 아마도 더욱 풍성한 기록문화가 형성될지도 모르겠다. 남송 시대 나대경(羅大經)이라는 사람도 그런 식으로 손님들과의 대화를 기록해서 《학림옥로(鶴林玉露)》라는 저서를 남겨놓았다.

하루는 대혜선사(大慧禪師)라는 분이 찾아와서 나대경과 대화를 나누었다. 그는 수레에 병기가 가득 차 있다고 해서 사람을 죽일 수 있는 것만은 아니라면서 촌철만 가지고도 능히 살인할 수 있다고 말하였다. 여기서 촌철은 문자적으로는 아주 짧은 칼 같은 무기를 의미하지만, 선사의 입에서 나온 그 문구는 선(禪)의 핵심을 갈파한 것이다. 즉 수천수만 마디의 말을 한다고 해서 사람을 깨우칠 수 있는 것이 아니라 단 한마디의 말로도 사람을 깨우칠 수 있다는 뜻이다.

오늘날 간단한 한 마디 말과 글로써 상대편의 허를 찔러 당황하게 만들거나 감동시키는 경우를 가리켜 촌철살인이라고 하는 이유가 여기에 있다. 한 마디로 상대방을 제압하는 기술이야말로 상대방을 자연스럽게 설득할 수 있는 방법이다.

명연설가의 말도 길지 않다. 윈스턴 처칠이 옥스퍼드 대학에서 한 유명한 연설은 "포기하지 마라"라는 간단명료한 말이었지만 오늘날 명언으로 남아 있다. 따라서 말을 하기 전에 상대방의 심금을 울릴 수 있는 명언 한마디를 찾아내 공략하는 것은 매우 중요하다.

300여 년 전 철학자 임마누엘 칸트(I. Kant)의 강의는 항상 인기가 있었다. 그는 재미있고도 흥미진진한 일화로 수강생들의 머리와 마음에 불을 질렀다. 그는 짧고 분명하게 강의의 핵심을 이야기하고, 상대방의 눈에 더 듣고 싶어 하는 기운이 남아 있을 때 강의를 그칠 줄 알았다.

상대의 허를 찌르거나 감동을 주는 간결하고 명확한 말과 적절할 때 주제를 강렬하게 펼치는 것이 설득의 핵심이다.

결론은 스스로 내려야 한다

설득에는 무엇보다 자신감이 기본이 되어야 한다. 남을 설득한다는 것은 실패에 대한 두려움이 앞서기 때문에 자신감을 갖기가 쉽지 않다. 그래서 고민하다 보면 어느새 자신감은 사라지고 부정적인 생각과 불안감이 든다. 결국 설득하는 도중에 자신감이 떨어지며 무엇보다도 화자를 신뢰하지 않거나 실패자처럼 보일 수도 있다. 따라서 외형적으로 보이는 모습이 판단에 중요한 영향을 미칠 수 있음을 잊지 말아야 한다. 상대방을 설득할 수 있다는 확신과 자신감을 가지고 대화에 임해야 한다. 자신감이 충만한 모습을 보고 상대방은 믿음을 가지게 되며 나아가서 그들은 당신을 돕기까지 할 것이다.

자신감이 넘친다고 해서 상대방에게 결론을 제시해서는 안 된다. 사람들은 어떤 것에 대한 자신의 경험을 무시하고 결론을 제시해버리면 본능적으로 불쾌한 감정을 표시한다. 만약 "당신이 이렇게 산다면 평생 후회할 것이다"라고 했다고 치자. 이때 듣는 상대방이 용기 있는 사람이라면 이 말을 무슨 일이든 네 멋대로 해보라는 도전으로 받아들여 강하게 반발할지도 모른다. 따라서 어떤 결론이든 개인의 주관임을 밝히고, 확신이 서지 않으면 결론을 제시하는 것은 조심해야 한다.

가장 중요한 것은 화자의 말을 듣고 상대방이 스스로 하고 싶다는 마음이 들도록 하는 것이다. 따라서 화자의 주장을 단도직입적으로 요구하는 것은 부담스럽겠지만, 질서정연하게 증거를 제시함으로써 당신 말을 듣고 있는 상대방을 이끌 수도 있다. 이때 증거는 상대가 당신의 입장을 강요당하고 있다고 느끼지 않도록 나타내야 한다.

보통사람들은 프로를 부담스러워한다

말을 잘하는 사람은 진실성이 없고 업무적이라는 식의 편견을 갖고 있는 사람들이 더러 있다. 명연설가들은 자신의 대화가 사람들을 감동시키고 있다고 생각할지 모르지만, 지적 능력이 부족한 사람들은 갑자기 방어적으로 변해 회의에 빠질지도 모른다. 따라서 그들이 당신의 생각을 완전히 이해하고, 그것을 자신의 것으로 받아들이기를 원한다면 될 수 있는 대로 저자세를 유지하는 게 좋다.

일단 그들이 당신의 관점을 이해하면. 특히 그들이 당신은 웅변가가 아니며 자신들과 같은 보통사람에 지나지 않는다고 느끼게 된다면, 그들은 당신이 하는 말을 이해하게 되고 심지어는 당신을 돕기까지 할 것이다.

만약 당신이 프로처럼 말할 수 있는 능력이 있다면, 대화를 주도하기보다는 상대방이 아직 듣지 못한 말이 많다는 궁금증을 느끼게 만들어야 한다. 대화가 끝난 후에 모든 것을 다 알고 나면 더 이상 관심을 갖지 않을 수도 있기 때문이다. 따라서 말이 끝난 후에도 화자가 전달하려는 의미는 무엇인지, 다음에는 어떤 주제로 말할 것인가에 대한 기대를 갖게 하는 게 좋다. 따라서 많은 것들 중 약간의 것만 이야기하고 있다는 것을 그들에게 암시해서 그것이 무엇일까를 스스로 고민해서 선택하게 하는 것도 좋은 설득이나 거절 방법이 될 수 있다.

인간의 선택이나 행동을 촉진하는 데 중요한 법칙이 있다. 이 법칙을 충실히 따른다면 대부분의 설득이나 거절에서 오는 갈등을 피할 수 있으며, 인간관계를 개선해나가고 삶을 윤택하게 할 수 있다.

이 법칙을 카네기(D. Carnegie)는 "상대방에게 자신의 중요성을 느끼도록 만드는 것"이라고 하였다. 이 욕구는 인간과 동물을 구별 짓는 경계선이며 인류의 문명도 이런 인간의 욕망에 의해 발전되어왔다. 인간이라면 누구나 주위 사람들로부터 인정받기를 원한다. 따라서 화자가 상대방을 칭찬함으로써 장점을 발견하게 하고 그것을 인정하면 상대방은 매우 긍정적으로 받아들인다.

누군가 자신을 인정해준다는 것은 기쁨의 단계를 넘어 그이상의 힘을 발휘한다. 일에 대한 보람을 느끼며 과업으로 인한 피로나 스트레스를 잊게 해준다. 또한 더 잘해보겠다는 자신감이 생기고 상대를 신뢰하며 따르게 된다.

이 시간 이후 우리 모두 칭찬을 찾는 눈, 칭찬하는 입술, 칭찬하는 손을 갖자.

'예스'라는 대답을
행동으로 옮기도록 촉구하라

대화를 통해서 상대방이 설득하려는 마음을 결정했을 때는 구체적인 실행 방법까지 함께 알려주어야 한다. 의외로 사람들은 마음의 결정을 내렸어도 구체적인 실행에 옮기는 데는 뜸을 들이기 쉽다. 실행에 옮기는 방법을 모르기 때문이다. 따라서 결정한 마음을 행동으로 옮기기 위해서는 자세한 안내나 쉽게 실행하는 구체적인 방법을 알려주어 따르도록 하는 것이 좋다.

대화를 통해서 예스라는 확답을 얻어내는 것은 쉽지 않다. 그러나 더욱 어려운 것은 예스라는 응답이 실제로 행동으로 옮겨질 수 있도록 하는 의지를 부여하는 것이다.

애써서 예스라는 응답을 받아놓은 상태에서 실제로 행동으로 옮겨지지 않는다면 수고한 의미가 없어진다. '예스'라는 대답을 받아내는 데 그치지 말고 실제 행동으로 옮겨질 수 있도록 더욱 적극적인 자세를 취해야겠다.

또한 '예스'라는 대답을 들은 뒤에는 반드시 고마움을 표시해야 한다. 우리는 목표가 뚜렷하면 목표를 관철시키는 데만 신경을 쓰게 된다. 그러다 보면 상대방이 화자의 의도대로 선택을 하더라도 선택 자체에 대한 기쁨에 빠져 고마움을 표하지 못하는 경우가 있다. 그러나 이런 실수가 다음 대화에 결정적으로 부정적인 영향을 끼칠 수 있다. 따라서 '예스'라는 대답을 들은 뒤에는 반드시 고마움을 표시하여 끝까지 좋은 결과를 가져오도록 하자.

유형별로 다른 설득 포인트

흔히 "어떤 사람도 내 맘 같지 않아"라고 말들 한다. 당연하다. 세계의 사람들은 각기 저마다 자라온 환경, 직업, 성격, 교육 등에 따라 천차만별이기에 같은 마음을 가질 수 없음은 당연하다.

자기 방식대로 생각하고, 결정하고, 행동하는 것은 오랜 시간 만들어진 정체성이며 습관이므로 누군가의 한마디로 인해 쉽게 바뀌거나 설득되지 않는다. 그렇기 때문에 당신은 A형, 나는 B형이라고 결정지어 그 틀에 넣고 판단하는 것은 결론적으로 옳지 못하다.

그럼에도 불구하고 우리는 나와 다른 사람들의 유형에 대해 알고 싶어 하고, 그들을 만나 대화하며 설득해야만 할 때가 많다. 그런 상황에 접했을 때 막연하게 상대가 자신을 보여줄 때까지 기다려서 설득의 단계까지 간다면 시간적으로나 감성적으로 서로 간에 손실이 많다.

너무나 다른 서로의 개성을 단 몇 개의 카테고리로 압축하는 것은 다소 위험이 따를 수도 있다. 하지만 유형별 분류를 통해 어느 정도 일반적인 성향을 파악하고 이에 따른 예측 가능한 설득법을 숙지하고 대화에 임한다면 매우 유익할 것이다.

관계가 있나요?-관계지향적 사교형

유난히 사람들 만나기를 좋아하거나 각종 모임을 개최하고 참여하기를 즐겨하는 사람이 있다. 이러한 부류는 감성적 사교형에 속하는데 이들은 무엇보다도 인간 상호관계를 중시 여긴다. 그들은 상대방을 주도하는 뛰어난 커뮤니케이션 능력과 유쾌한 카리스마로 처해진 상황에 대한 통제능력을 갖추고 있는 편에 속한다. 또한 지나치게 사교적인 사람이 있는데 이들은 굉장히 장황한 수다를 늘어놓거나 말도 빠른 편에 속하며, 때로는 자신들이 느끼는 바를 솔직하게 말하기 때문에 자신도 모르는 사이에 다른 사람의 비위나 감정을 상하게 하는 경우도 있다.

▶ 설득 포인트 : 직접적인 성과 위주의 설득보다는 사람과의 우호관계의 향상이라는 측면에서 관계 지향적 가치를 강조한다. 이들은 사교적이고 우호적인 것을 좋아하기 때문에 여러 사람과 만날 수 있는 모임 등에서 주제에 대한 동질성을 찾아 여러 사람과 의견을 묻어갈 수 있도록 대중심리를 이용한다. 사안에 대한 각 대안이 어떤 가치를 가지고 있으며, 그것이 사람들에게 어떤 영향을 미치는지에 관하여 감성적 호소를 하는 방법도 좋겠다. 또

한 열성적으로 수집된 개인적 정보에 의하여 의견을 제시하되 핵심을 돌리지 말고 바로 말하여 친근감을 주어 합리적 판단을 하게 만든다.

이것 봐! 내가 맞잖아! – 쇼맨십 잘난체형

오늘날 갈수록 많아지는 이런 유형의 사람들은 남의 눈에 띄기 좋아하며 주인공으로 대접받지 못하면 참지 못한다. 자신의 신상에 관한 일 중 잘된 일을 확대해서 말하기도 한다. 심한 경우 남을 몰아내려고 모사를 꾸미는 형이기도 하다. 은근히 야심가의 일면도 가지고 있으며 여러 사람의 의견에 따라가는 것을 자존심 상해하기도 한다. 이들은 자신만의 나침반을 갖고 움직이기 때문에 자신들이 설득당했다는 느낌을 아주 싫어한다.

▶ 설득 포인트 : 이야기할 기회를 많이 줘서 자기 만족감을 느끼게 해준다. 공헌에 직접적 보상을 하고 많은 사람 앞에서 감사의 표현을 하면 효과는 백배이다. 행동을 비평하기 전에 먼저 존중해야 하며 비평적 피드백이 불가피할 때는 조심스레 제공해야 한다. 역으로 고의로 실수를 해서 그것을 지적할 기회를 주면 의외로 좋은 결과가 나오기도 한다. 칭찬의 효과를 가장 쉽고 높게 볼 수 있는 유형이다. '유일', '멘토', '역시', '가치', '반응', '기회', '관계' 등의 단어를 사용하여 이들의 존재를 확인시켜준 후에 설득에 들어가면 좋은 결과를 얻을 수 있다.

데이터 없인 못살아! – 사색논리형

좀처럼 틈을 보이지 않기 때문에 친해지기 어려운 인상을 풍기는 사람이 있다. 이들은 사색논리형에 포함되며 특징은 매사에 이론적으로 분석하는 능력이 탁월하다. 교과서적인 경우도 많아서 재미없다는 인상을 주기도 한다. 대개 우리는 이들을 향해 '생각이 깊다', '명석하다', '논리를 중시한다', '이론파다' 등의 평가를 한다. 이런 유형은 데이터가 뒷받침된 자료에 큰 관심을 보이는 반면, 위험을 피하려는 경향이 매우 강할 뿐 아니라 최종 판단까지 너무 신중한 탓에 많은 시간이 걸린다. 특히 열성적인 독서광이 많다.

▶ 설득 포인트 : 논리적인 방법으로 접근하는 것이 중요하다. 상대의 논점을 사전에 철저히 파악해야 승산이 있다. 시장 조사, 케이스 스터디, 비용 및 효과분석 등 가능한 한 많은 정보를 수집해 이를 근거로 설득하는 것이 가장 효과적이다. 이런 유형은 비교 데이터를 많이 요구하기 때문에 한 가지 정보만으로는 설득이 쉽지 않다. 특히 상황을 빠짐없이 이해하려고 노력은 하지만 의사결정형과는 달리 어떻게든 위험을 피하려는 성향이 있다. 따라서 설득할 때에는 우려되는 사항을 솔직하게 전달하는 것이 무엇보다 중요하다. 내심 외로움을 타는 경우가 있으므로 먼저 흉금을 털어놓고 이야기하는 것이 효과적이다.

카리스마 짱! – 의사결정형

자신의 결정에 대해 자신감이 넘치고 다른 어떤 사람보다 더 많은 정보를 알고 있다고 생각한다. 주로 '정열가', '카리스마적인 매력' 또는 '달변', 상대방을 압도', '불굴의 정신' 등의 단어로 평가되는 의사결정형은 새로운 아이디어에 많은 관심이 있으면서 다양한 정보를 근거로 최종 판단을 내리는 경향이 있다. 특히 자신의 언행에 책임을 지는 것은 물론, 위험 앞에서도 주저하지 않으며, 객관적인 정보와 사실을 매우 중요시한다.

▶ 설득 포인트 : 성과에 초점을 맞추면서 알기 쉬운 설명과 솔직함을 전면에 내세우는 것이 바람직하다. 논쟁적 대화는 금물이며 강요당하고 있다는 인식을 받지 않도록 주의해야 한다. 쉬운 단어를 써서 단도직입적으로 논지를 전달하고, 차트 등을 이용하여 시각적으로 설명하는 것이 효과적이다. 또 위험 가능성에 대해서도 솔직하게 설명하고 위험을 최소화할 수 있는 방법을 설명하는 것이 바람직하다. 그러나 성격이 급한 경우가 많으므로 핵심 사안을 먼저 설명하는 것이 좋다. 자신을 낮추고 상대방의 자존심을 만족시켜주면서 스스로 선택하도록 정보 제공에 충실하는 편이 효과적이다.

웬만해선 못 믿어!—독선적 딴지형

모든 데이터에 의심의 눈초리를 보내고, 특히 자신의 세계관에 반하는 정보에는 강한 경계심을 드러낸다. 때로 매우 공격적인 모습을 보이기 때문에 '독선적인 고집불통'으로 평가되는 경우가 많다. 또한 상대에 대한 요구 수준이 높고 알력을 피하려고 하지 않으며, 주위 사람들이 불쾌감을 느끼는 데에 개의치 않고 자신의 생각을 피력하기도 한다. 독선적 딴지형은 돌려가면서 은유적으로 비평을 하기보다는 단도직입적으로 충고를 하므로 솔직한 충고를 들을 수 있다.

▶ 설득 포인트 : 기분을 맞춰가며 냉정하고 절제된 태도로 이야기한다. 생각하고 경청하면서 흉금을 털어놓으면 예상 외로 좋은 결과를 얻을 수 있다. 이러한 유형의 상대를 설득하기 위해서는 높은 신뢰를 획득하는 것이 무엇보다 중요하다. 왜냐하면 이들은 동창생 또는 과거 같은 기업에 근무했던 동료 등 자신과 공통점이 있는 사람들에게 신뢰를 보이는 경향이 강하고 권위자에게도 쉽게 신뢰를 보인다. 따라서 설득을 시작하기 전에 신뢰를 획득하기 위한 방법을 모색해둘 필요가 있다. 상대방이 신뢰하는 인물에게 소개를 부탁하는 것도 한 방법이다. 이와 같은 독선적 딴지형의 의견에 반론을 전개하는 것은 위험이 크기 때문에 신중을 기할 필요가 있다.

■ 위험한 건 NO! – 안전제일형

이들은 무엇인가를 결정할 때 과거 비슷한 사례를 분석하는 습성이 있다. 안전제일형은 유사한 상황에서 과거 자신이 어떠한 의사결정을 했는지 검토하며, 또한 이들은 유난히도 자신의 기준에 근거한 진심으로 신뢰성 있는 사람을 택하여 의사결정을 한다. 특히 잘못된 판단을 내리는 것을 두려워하기 때문에 참신한 정책을 새롭게 도입하는 경우는 드물다. 또 제3자의 관점에서 사물을 바라보는 데에 매우 능숙하며, 자신의 판단에 전적으로 책임을 지려고 노력하는 형이다. 다른 사람을 추종하려는 경향이 있다는 사실조차 인정하려 하지 않으며, 오히려 혁신성과 선견지명을 내세우려고 한다.

▶ 설득 포인트 : 안전제일형을 설득할 때는 과거 사례를 잘 활용해야 한다. 중요한 점은 안전제일형을 설득할 때 상대보다 앞서 나가면 안 된다는 것이다. 과거의 성공 사례를 제시하여 판단에 자신을 갖도록 하는 것이 중요하다.

이때 자기 자신의 능력과 과거의 성과를 내세우는 것은 바람직하지 않으며, 오히려 상대방이 과거에 내린 판단과 그들이 신뢰하는 사람의 판단을 원용하는 것이 바람직하다.

이들은 판단에 오랜 시간이 걸릴 수 있으므로 그들이 확실한 판단을 하기까지는 기다려주어야 한다.

설득을 위해 사용할 수 있는 단어로는 상세, 신속, 전례에 따라, 전문성, 실적, 성실 등이 있다.

동에 번쩍 서에 번쩍! – 밥그릇형

잔꾀가 많고 약삭빠른 유형이다. 자신에게 조금이라도 불리하면 무조건 회피하며 귀찮은 일은 슬쩍 빠져나가려고 한다. 이득이 되는 곳에는 언제나 나타나지만 책임을 지는 일을 부담스러워한다. 제 밥그릇 하나는 정말 잘 챙기는 형이기 때문에 이상론적 발상보다는 실질 이득이 되는 일을 선호한다.

▶ 설득 포인트 : 되도록 부담을 주지 않게 신경을 써야 한다. 구체적

이고 세세하게 표현하고 다짐을 받아놓는 것이 좋다. 실질적 보상과 혜택을 시간적 근거로 제시하면 효과적이다. 창의적 아이디어나 발상 등을 높이 사고, 적용시킬 만한 현실적 방법을 찾아보는 노력을 하여 신뢰를 쌓는 것이 중요하다.

큰 세상을 위해!-가치공헌형

관계와 소통을 중시하는 가치공헌형은 조화로운 조직과 팀을 위해 분위기를 조율하고, 작은 사안에 대해 원인을 밝히기보다 큰 맥락적 대안을 제시하는 유형이다. 따뜻하고 다정하며, 상대의 상황에 대해 직관적으로 인정하고 공감하는 능력이 뛰어나다. 협조와 협력을 지지하기 때문에 개인적 가치보다는 집단의 가치를 지향한다. 자칫 현실과 다소 먼 대안을 제시하여 이상론자라고 불리는 경우도 있다.

▶ 설득 포인트 : 관계와 신뢰를 쌓아 그들의 노력을 이해하고 동참하는 것이 좋다. 지나치게 분석적이거나 비판적인 말은 피하고 조화를 유지해야 한다. 개인적 가치보다는 여러 사람의 가치와 관계를 중시하므로, 나무보다는 숲을 위한 제안을 하면 효과적이다. 그들의 성과나 행위에 대한 보상을 주고 지지한다면, 생각보다 빠른 시간 안에 우호적인 관계가 된다. 협조, 협력, 포괄성을 강조하고 조화를 이룰 수 있는 기회를 제공하라.

기분 나쁘지 않게 거절하기

인간관계에서 부탁을 받고 불가피하게 거절해야 할 때처럼 어려운 일도 없을 것이다. 그렇다고 상대방의 사정을 모두 들어줄 수도 없는 것이고 보니 거절할 때 여간 신경이 쓰이는 것이 아니다. 자칫 거절 방법이 좋지 않아 가까웠던 사이가 어색해지기도 하고, 심하면 등을 지게 되기도 한다.

따라서 거절은 신경이 많이 쓰일 수밖에 없다. 그러나 상대를 배려한다고 해서 상대의 모든 부탁을 들어주라는 것은 아니고 거절의 의사를 표현하지 말라는 것도 아니다. 꼭 거절해야 할 일이라면 명확하게 거절해서 상대방의 마음을 돌릴 필요가 있다. 그러나 거절을 할 때에도 최소한의 예의가 있다. 상대방의 기분이 나쁘지 않게 해야 한다.

때로는 부탁하는 사람도 안 될 것을 알면서 부탁하는 경우가 종종 있다. 이러한 경우 거절은 당연한 것으로 받아들이게 된다. 그러나 다급한 마음에 꼭 이루어졌으면 하는 마음을 가지고 부탁을 하는 경우도 있다. 이런 경우 말이 나오자마자 바로 거절을 해버린다면 상대는 서운한 마음이 배가 될 것이다. 따라서 거절의 뜻은 단호하게 비추되 태도와 표현은 부드럽고 정중하게 해야 한다. 자칫, 부탁하는 사람을 쉽게 대하는 태도를 보이거나 자신을 과시하면 상대방은 무시당하는 느낌이 들어 다시는 상종하고 싶지 않다는 마음이 생긴다.

거절을 하더라도 충분히 상대가 대접받았다는 느낌이 들도록, 어쩔 수 없겠구나 하는 마음이 들게 해야 한다. 예를 들면 상대방이 "지금 급하게 대화를 나누고 싶은데 시간 괜찮으세요?"라고 했는데, 화자가 "지금은 시간이 없는데요"라고 말하거나, 상대가 어떤 주제로 말하고 있는데 "그런 것은 말하지 마세요." "그런 것은 이야기하고 싶지 않아요"라고 말하는 것이 바로 안 좋은 방법의 거부다.

거부는 상대방의 느낌이나 그 주제에 대한 이야기를 나누고 싶지 않다는 식으로 표현되기 쉽다. 거부당하는 상대방은 그 대화가 거절당했음과 더불어 자신의 존재가 거절당한 느낌을 갖게 된다.

통상 거절하는 경우는 흔히 자신의 약점이 노출되는 것을 막기 위해서라든지 혹은 늘어만 가는 불안으로부터 방어하기 위해서 또는 그 제안이 귀찮아서이거나 상대를 신뢰할 수 없을 경우 등일 때이다. 이때 상대의 반응은 고독, 절망감, 소원감이 생기며 결국에는 다른 상황에까지 연결되어 안 좋은 결과를 초래할 수도 있다. 따라서 충분히 상황을 설명하고 그래야 하는 이유를 인지시키고 나서 거절해야 상대방이 편안해질 수 있다.

이왕 할 거라면 당당하게 거절하자

어쩔 수 없이 거절해야 할 때는 부탁하는 사람이 기분 나쁘지 않으면서도 거절하는 나는 당당할 수 있으면 좋을 것이다. 명확한 거절은 모두의 권리이자 나 자신을 존중하는 것이다. 불편한 상황을 모면하기 위해 명확히 거절하지 못하는 경우나, 우회적으로 거절하였는데 상대방이 내 뜻을 잘 이해하지 못하여 나중에 곤란한 상황에 처하는 경우가 종종 있다. 그러나 다음과 같이 한다면 당당하게 거절할 수 있겠다.

● 제안에 대해 긍정적으로 인정한다.

먼저 상대방의 제안에 대한 긍정적 인정을 한다. 그런 다음 정중하게 지금은 그럴 입장(일정, 상황)이 되지 않음을 명시한다. 다른 상황이 어떤 것인지는 굳이 설명하지 않는 것이 좋다.

"참 좋은 아이디어네요. 그러나 전 당분간 그 일을 할 수가 없네요. 참 안타까운 마음입니다."

"아주 훌륭한 상품이군요. 욕심이 날 정도로요. 그러나 지금 당장은 구입할 입장이 아닙니다. 죄송합니다."

"굉장히 창조적인 계획이군요. 그러나 지금은 일정이 겹쳐서 당분간 보류해야 할 것 같습니다. 다음에 기회가 되면 또 뵙지요."

● 생각해볼 시간을 달라고 한다.

상대의 부탁에 대한 진지한 검토의 시간을 벌어야 한다. 물론 심적으로는 이미 거절하기로 마음을 정했다 하더라도 바로 거절하는 것보다는 성의가 있기 때문에 상대는 무조건 서운 하게 생각하지 않는다.

"생각해볼 시간을 좀 주시겠어요?"

"그것을 검토해볼 만한 시간이 필요합니다."

"저는 바로 수락하고 싶지만, 당장 그럴 수는 없으니 또 다른 어떤 방법이 있는지 알아볼 시간이 필요합니다."

● 확고한 기준이 있음을 알려준다.

자신의 확고하고 일정한 기준이 있다는 것을 명시한다. 이것저것 설명하는 것보다는 단호하게 느껴져 상대도 더 이상 권유하기가 힘들어진다.

"죄송합니다만, 다른 방법으로 했으면 합니다.

"죄송합니다만, 그 방법은 할 수가 없겠네요."

"죄송합니다만, 저녁 술자리는 갖지 않는 것이 제 원칙입니다. 대신 점심 식사를 멋지게 대접하고 싶습니다."

"죄송합니다만, 저는 일요일에는 일을 하지 않고 월요일에 합니다."

● 상대방을 이해해주면서 거절한다.

거절을 딱 부러지게 하기 어려운 경우가 있다. 처음에는 부탁을 하지 않을 것처럼 보이다가 어느 정도 시간이 지나면 자신의 어려운 환경 때문에 한숨만 쉬던 사람이 갑자기 부탁을 하는 경우다. 자신의 부정적 상황을 바탕으로 넌지시 부탁하는 것이다. 사실 이런 유형의 부탁이 우리나라 정서에는 가장 뿌리치기 힘든 상황이다. 들어줄 수 있는 부탁이라면 시원하게 수긍할 것이지만, 나 자신도 상황이 그리 용이하지 않다면 부득불 거절해야 할 것이다. 그럴 경우 상대의 처지에 대한 이해를 충분히 해주면서도 다소 단호한 대응 방법을 택해야 한다.

"그래요? 정말 안됐네요. 당신이 좋은 해결책을 찾을 수 있기를 바랍니다."

"참 어렵겠네요. 그런데 저도 부족해서 어쩌지요."

"그런 일이 있었군요. 딱하게 되었네요. 당신은 분명 해결책을 찾을 것입니다."

● 대안을 제시할 수도 있다.

딱 부러지게 거절하기는 어렵고, 현재 논의되고 있는 제안에 대해서 수락하기는 힘들지만 다른 제안을 제시하면 받아줄 수 있음을 표시하는 것이다. 이런 경우에는 화자와 상대방이 서로 기분 나쁘지 않게 거절할 수 있다.

화자 : "지금 급하게 대화를 나누고 싶은데 괜찮으세요?"
상대방 : "지금은 제가 급히 다녀와야 할 일이 있는데 다음으로 약속을 잡으면 어떨까요?"

화자 : "이 물건을 사주시겠습니까?"
상대방 : "그 물건은 저희가 지금 사용 중입니다. 다음에 다른 물건을 가지고 오시지요."

화자 : "이 제안을 받아주시겠습니까?"
상대방 : "이미 그 건은 계약을 마쳤습니다. 다른 제안을 가지고 한번 들러주세요."

● 단호하게 거절한다.
때로는 이런 저런 방법을 쓰느니 가장 단호하게 안 된다는 의사 표현을 하는 것이 좋다. 분명한 거절은 괜한 오해의 소지를 없애주고, 서로의 시간을 낭비하지 않게 한다. 흐리멍덩한 태도는 아직도 마음의 결정을 내리지 못한 것처럼 보일 수 있다. 그러나 확고하게 거절을 하더라도 바로 "안 됩니다." 하는 것보다는 잠시 사이를 두고 고민하는 모습을 보이는 것이 상대의 감정을 배려하는 모습으로 비춰진다.

"음! 정말 안 되겠습니다."

"아무래도 그것은 불가능하겠네요."

"지금은 죽었다 깨어나도 그럴 수가 없군요."

거절할 때 주의사항

· 거절의 의사를 표현할 때 "미안하다"는 말은 꼭 그렇게 느낄 때
  만 쓴다.

· 상대가 당신 말을 받아들이지 않을 때는 침묵을 하거나 대화를
  끝낼 권리가 있다.

· 일단 거절의 의사를 표현했어도, 당신 맘은 바꿀 수 있다.

· 거절의 의사 표현은 조용한 목소리로, 몸짓으로 말해서 상대방
  을 아프지 않게 한다.

사랑하는 남녀의 통하는 대화법

칭찬이나 감사의 표현이 사람을 끈다

신세대일수록 개인주의 성향이 강해서 자신만 아는 경향이 있다. 그래서 상대방의 행동에 대해서 칭찬하는 것이나 감사의 표현을 해야 하는 때에도 인색한 경우가 많다. 그러다 보면 처음의 좋은 감정이 사라지고 무례한 사람이란 평가를 받기 쉽다. 따라서 이성 친구를 만나면 어떻게든 장점을 찾아내 칭찬을 해주고, 본인을 배려해주는 어떤 행동에 대해서도 항상 감사하는 습관을 길러야 한다.

그러나 아무리 상대방을 칭찬하는 말이라도 진실성이 느껴지지 않으면 놀리는 말로 들릴 수도 있으니 특히 주의한다. 이성이 열심히 영화에 대한 얘기를 했다면 "넌 정말 영화를 좋아하는구나. 난 영화를 좋아하는 남자(여자)가 좋더라. 언제 한번 같이 영화 보지 않을래?"라고 한다면 자연스럽게 칭찬도 이루어지고 다음 약속을 이끌어낼 수도 있다.

상대방과 함께한다는 인식을 주라

남녀 간의 만남이 자주 이어지면 서로에게 의지하려는 마음이 생긴다. 따라서 조금이라도 대화에서 상대방에 대한 배려가 느껴지지 않으면 서운해한다. 그러니 대화 중에 상대방에 대한 배려가 배어 나도록 해야 한다. 예를 들면 "나 어제 멋진 곳에 갔었는데 너무 좋았어"라고 말하면 상대방에 대한 배려가 없는 것이지만, "나 어제 멋진 곳에 갔었는데 너와 함께 있었으면 좋았겠다는 생각이 들었어. 우리 함께 가지 않을래?"라고 말하면 서운해하기는커녕 감동할 것이다.

상대방의 변화에 관심을 보여라

이성 간에는 서로 잘 보이려는 마음이 있다. 그래서 여자는 더욱 예쁘게 보이려고 남자는 더욱 멋있어 보이려고 노력하게 된다. 따라서 이성을 만나면 무심코 넘기지 말고 노력하는 부분을 찾아서 격려해주는 것이 좋다. 예를 들어 여자 친구가 오늘 따라 머리 스타일을 바꾸었다면, "와, 내가 정말 원하던 스타일인데, 너무 어울린다"라고 말해주면 자신을 알아주는 남자친구를 위해 무엇이든 해줄 것이다.

상대방의 아픔이 내 아픔

처음에는 서먹서먹했던 남녀도 있는 그대로 받아들여 하나의 인격체로 인정하고 나면 친한 사이가 될 수 있다. 더욱이 진심으로 상대방을 걱정하고 있는 느낌을 전달하면 마음의 문을 열 것이다. 예를 들면 남자친구가 시험에 떨어져 좌절하고 있을 때 "그만해, 바보 같아"라고 하는 것보다는 "많이 힘들겠다. 내가 옆에서 다음에는 꼭 합격하라고 기도해줄게"라며 상대방을 하나의 인격체로 대하면서 상대방의 아픔을 내 아픔처럼 알아주었을 때 더 빨리 아픔에서 벗어 날 수 있게 된다.

상대방의 말속에 숨은 진심을 찾아보자

이성 간에는 자신이 불리한 상황에 놓일 경우 잘못된 사실을 말하거나 말속에 숨은 뜻이 있는 경우가 많다. 하지만 서로가 받으려고만 하다 보면 상대방의 이러한 복잡한 심리 상태를 이해하지 못하는 경우가 많고, 상대방이 말하는 것을 곧이곧대로 받아들여 진심을 모르고 지나가는 경우가 많다.

따라서 표현된 말에만 신경을 쓰지 말고 목소리의 강약과 떨림, 시선, 제스처, 억양, 표정, 자세 등에 보다 많은 내면적 정보가 있다는 것을 인식하고 주의 깊게 보아야 한다. 상대방의 행동을 통하여 마음을 보고 진심을 찾을 수 있어야 한다.

유머 있는 대화법을 익혀두자. 남녀 간에는 너무 진지하면 재미가 없다. 따라서 데이트를 할 때 서로가 웃을 수 있는 얘기를 준비해 가는 것이 중요하다. 즐거운 이야깃거리로 상대방을 리드해나간다면 재치 있고 재미있는 사람이라는 생각이 들어 좋아하는 마음이 더욱 커질 것이다.

때론 대담한 대화도 필요하다

몇 번 만났는데도 상대가 시큰둥한 반응을 보인다면 한번 적극적으로 대화를 전개하는 것도 좋은 방법이다. 다음 약속을 미리 정하자고 대화를 하거나, 나에 대한 솔직한 심정을 물어본다. 너무 솔직하게 물어본다고 상대방을 다그치다간 오히려 감당하기 힘든 사람으로 보일 수 있으므로 주의해야 한다.

지킬 수 있는 약속만 한다

남녀 간의 만남은 약속에서 시작하여 약속으로 끝난다고 해도 과언이 아니다. 앞으로 어떻게 해주겠다는 약속, 언제 만나, 무엇을 하자는 등 하루에도 수없이 많은 약속을 하게 된다. 약속에는 항상 책임이 따르는데 사람들은 누구나 정한 약속은 꼭 지켜주길 원한다.

그런데 약속을 정확히 지키는 사람보다는 정확히 지키지 않는 사람이 많다. 약속을 어기면 상대방은 불쾌감을 느낀다. 심하면 자신을 가치 없는 사람으로 생각하고 있기 때문이라고 분노감을 표시하는 사람도 있다. 따라서 아무리 친한 사이라도 지킬 수 있는 약속만 하는 것이 좋은 관계를 오랫동안 유지할 수 있는 비결이다.

제 5 장

통하는 대화는 듣기와 좋은 질문이 결정한다

입은 화의 문이요,
혀는 이 몸을 베는 칼이다.
입을 닫고 혀를 깊이 간직하면
몸 편안히 간 곳마다 튼튼하다.

___전당시

대화의 핵심은 질문

우리들은 대화를 할 때 통상 두 가지 방식 중에서 하나를 선택한다. 말로 표현하느냐, 아니면 질문을 하느냐. 말로 표현하는 것은 말로 끝나버리지만 질문은 생각하게 만든다. 그래서 대화의 핵심은 질문이라고 말한다. 사람은 질문을 받으면 본능적으로 해답을 찾기 위해 생각을 한다.

지금까지 모든 발명과 발견은 질문이 생각을 자극한 결과이다. 뉴턴은 "왜 사과가 나무에서 떨어질까?"를 질문한 결과 만유인력을 발견하였다. 콜럼버스는 "서쪽으로 끝까지 가면 무엇이 나올까?"라는 질문으로 인해 아메리카 대륙을 발견하게 되었다. 레오나르도 다빈치는 어떻게 무거운 것을 들을 수 있을까를 질문하여 기중기를 발명하였다.

질문은 상대방의 마음을 열게 해주는 역할을 한다. 질문을 받으면 자기에게 관심을 갖는다고 느끼고, 자기에게 관심 가져주면 사람은 누구나 기분이 좋아진다. 그러면 상대에 대해 경계가 풀리고 자연스럽게 마음이 열린다.

또한 질문은 귀를 기울이게 한다. 일반적으로 대화는 일방적으로 말하고 상대방은 수동적으로 듣기만 하게 된다. 전문가들의 연구에 의하면 사람은 1분 동안에 약 180단어를 말할 능력이 있는 데 비해, 생각할 능력은 말하는 능력의 약 3배이기 때문에 화자의 말을 들으면서도 다른 생각을 할 수밖에는 없다는 것이다. 따라서 대화시간이 길어질수록 귀를 기울이지 않고 건성으로 듣게 된다.

이때 질문을 받으면 대답을 하기 위해 생각을 하고 대화에 좀 더 집중하게 된다. 결국 열심히 들으려고 할 뿐만 아니라 대화에 능동적으로 참여할 수밖에 없다. 그래서 질문은 상대방이 다른 생각을 하지 않고 내 말에 귀를 기울이도록 해준다.

그 외에도 대화만 오가는 곳에서는 분위기가 딱딱해지기 쉽다. 이럴 때는 가벼운 질문을 던져 분위기를 일순간 바꿔놓을 수 있다.

일방적인 대화에서 벗어나 상대방의 참여와 사고를 촉진시킬 만한 질문을 해야 한다. 화자가 사용하는 여러 가지 질문은 대화의 방향과 질을 결정 짓는 중요한 요소가 되며, 화제에서 이탈했을 경우에는 본래의 주제로 돌아오게 하는 데 도움이 된다. 또한 질문은 의문과 호기심을 자극해 상대방의 말을 적극적으로 듣고자 하는 의욕을 불러일으키며, 혼란스런 내용은 적절히 정리를 해주기도 한다.

질문의 힘은 위대하다

한 조사에 의하면, 공부시간에 선생님이 학생들한테 한 시간 동안 하는 질문은 평균 80번인 데 비해, 학생들이 선생님한테 하는 질문은 단 두 번에 불과하다고 한다. 또한 네 살짜리 아이가 엄마한테 하루 동안 하는 질문이 평균 약 300번인 데 비해, 그 아이가 대학을 졸업하고 나면 고작 20번으로 줄어든다는 연구결과도 있다. 결국 우리는 일상생활 속에서 말은 하되 답을 얻기 위한 질문은 별로 하지 않는 셈이다.

통상적으로 질문을 하지 않는 이유는 첫째, 우리나라의 교육방법이 주입식 교육이라 습관적이 되었기 때문이다.

둘째, 상대방에게 질문하면 상대방이 불편해할 것 같다는 고정관념이 있기 때문이다.

셋째, 질문을 잘못하면 자기의 무지나 허점을 드러낸다고 생각하기 때문이다.

그런데 사실 우리들은 자기에게 무엇인가를 묻는 사람을 가장 좋아하고 그가 자신의 가치를 인정해준다고 생각하고 있지 않은가? 그래서 지혜로운 사람은 알고 있는 사실도 다른 사람에게 다시 질문을 한다고 한다.

질문받는 사람은 별로 흥미 없는 물음이라도 성실히 답하려고 한다. 하지만 시시한 질문을 계속 받다 보면 대답하는 데도 질리게 마련이다. 결국 재미있는 이야깃거리를 잔뜩 가진 사람을 앞에 두고도 들을 기회를 놓친다. 질문능력이 뛰어나면 실력이 없어도 흥미로운 결과물을 얻을 수 있다. 질문이 재미있으면 누구나 어떻게든 가르쳐 주고 싶기 때문이다. 또한 질문을 받으면 상대방은 생각을 진전시켜 능동적인 답변을 하게 된다. 화자의 진솔한 질문은 상대의 마음 문을 열게 하고 그가 갖고 있는 생각과 정보를 풀어놓고 지루한 대화를 전환하거나 통제할 수도 있다.

질문은 사람이나 조직을 변화시키는 힘도 가지고 있다. 질문은 질문을 받은 사람이 전혀 새로운 방향으로 생각하게 만드는 힘이 있다. 질문은 질문받은 사람의 생각을 결정하고, 생각은 그 사람의 행동을 결정한다. 따라서 질문하는 사람이 원하는 방향으로 대화를 이끌어 갈 수 있을 뿐만 아니라 그 사람을 변화시킬 수 있는 것이다. 그리고 조직은 결국 사람들로 구성된 것이고, 따라서 사람을 변화시키면 그것이 곧 조직을 변화시키는 것이다. 그러기 위해서는 조직의 모든 구성원들이 '질문'을 으뜸가는 대화도구로 사용하는 것이 중요하다.

상사 혼자 생각하는 조직보다는 부하직원의 생각을 독려하는 질문을 던지는 상사가 있는 조직이 훨씬 더 우수한 성과를 낸다. 그 이유는 리더의 질문이 조직을 변화시킬 수 있기 때문이다.

상황에 맞게 질문의 유형을 선택하라

질문에는 장점이 많다. 질문 형식의 대화는 원활한 의사소통과 합리적인 의사결정 그리고 좋은 인간관계를 맺고 유지하기 위해서 매우 효과적인 대화방식이다. 뿐만 아니라, 화자가 상대방을 변화하도록 하고, 필요한 답을 찾게 하고, 원하는 목표를 달성하도록 하는 등의 소위 대화의 목적을 달성하기 위해서도 질문형식의 대화는 필수적이다. 이때 화자가 상대방에게 어떤 질문을, 언제, 어떻게 하느냐? 하는 것이 관건인데, 질문을 잘하기 위해서는 질문의 유형을 정확히 알고 상황에 맞게 사용해야 한다.

사고를 자극하는 질문

가장 쉬운 질문은 아는 것을 물어보는 질문이다. 사고를 자극하는 질문은 이미 상대방이 알고 있는 내용이나 경험한 사실을 알아보기 위한 질문이다. 사람들은 대화 중에 질문을 받으면 '아, 이 사람이 나에게 관심이 있구나'라고 생각하여 대화 분위기를 긍정적으로 만들어준다. 반면에 설명 위주로만 주고받는 대화를 한다면 상대를 점점 수동적으로 만들 뿐만 아니라, 지시나 강요로 이어져 지루하고 따분하여 아마도 그 시간을 되도록 빨리 벗어나고 싶은 마음이 간절할 것이다.

사고를 자극하는 질문은 주로 대화의 도입 단계에서 이루어진다. 사고를 자극하는 질문은 대화를 편안하게 만들어주는 역할을 하기 때문이다. 질문의 내용은 상대방이 대개 알고 있을 만한 단순한 지식과 사실을 바탕으로 해야 한다.

간단한 한마디의 질문은 상대방의 사고를 자극하여 긍정적인 생각을 키워주는 좋은 대화법이다. 주로 사람들과의 개인적 문제에 대하여 대화할 때, 아랫사람과 대화할 때, 직원들을 리드할 때, 자녀들과 대화할 때, 고객과의 비즈니스 등에서 상대를 위한 질문을 하면, 상대의 생각을 자극하여 올바른 방향으로 사고가 전환될 수 있다.

간단하면서도 이미 알고 있는 질문은 상대방이 질문에 답하면서 공감을 느끼게 한다.

안부 : "요즘 잘 지내고 있지?"

지난 만남 : "전에 만났던 커피숍이 좋았지요?"

사실 : "미국 대통령의 이름이 갑자기 생각이 안 나네요. 알고 계시나요?"

취미 : "골프는 주로 어디에서 치시나요?"

관심 분야 : "어떤 증권을 사셨나요?"

경험한 사실 : "작년 여름에 갔던 그 바닷가는 물이 깨끗하던가요?"
외모 : "요즘 더 예뻐지신 것 같은데요?"
계산 : "그 백화점 요즘 15% 세일하던데 이건 얼마 주셨어요?"

사고를 촉진하는 질문

상대방의 사고를 촉진하는 질문은 자신이 가진 지식, 정보 등을 이용하여 비교, 대조, 구분, 분석, 종합하여 응답하게 하는 질문이다. 따라서 아무렇게나 대답하는 게 아니라 상대방이 생각을 깊게 해서 응답을 해야 하는 일종의 문제 해결 수준의 질문이다. 즉, 상대방이 추론하고, 직접 자료를 비교 분석하여 학습 자료의 핵심 내용을 설명하도록 하는 높은 수준의 질문이다.

"에티켓과 매너의 다른 점은 뭐지요?"
"낫 놓고 ㄱ자도 모른다는 것은 뭘까요?"
"그렇게 놀기만 하면 어떻게 될까요?"
"세상에 물이 없다면 어떻게 될까요?"
"원숭이가 진화하면 무엇이 될까요?"
"우유와 설탕을 섞으면 무엇이 될까요?"
"석탄과 기름이 고갈된다면 어떤 일이 일어날까요?"
"지금 식량이 다 떨어진다면 어떻게 될까요?"

평가하는 질문

평가하는 질문은 사실적 문제보다는 가치의 문제를 다루는 질문이다. 판단을 하는 기준이나 준거는 주로 과학적 증거, 합의에 의해서 결정된 것으로, 명시적이거나 내재적 준거와 같은 암시적인 것이다. 상대방이 실험 설계를 구성함에 있어서 방법과 절차를 평가하고, 가치의 문제를 평가하고, 비판하고, 의견을 제시하라는 질문을 받을 때 그들은 평가적 사고를 한다.

평가하는 질문은 질문에 대한 답변을 통해서 새로운 대화의 실마리를 풀어나가거나 상대방의 가치관이 어떤가를 알아보게 하는 질문이다. 상대방이 답변하는 내용을 들어보면 상대방의 취향은 무엇이고, 어느 쪽에 가치관을 두고 있는지, 부정적인 성격인지 긍정적인 성격인지를 알 수 있다. 이러한 답변을 성공적인 대화로 이끌어 가는 기본 자료로 활용하면 좋을 것이다.

"행복한 삶에는 명예나 부 중 어떤 것이 중요한가?"
"이번 휴가 때에는 등산과 바다 어느 곳이 좋을까?"
"사랑과 우정 중에서 어느 것이 좋을까?"
"법과 주먹 중에서 어느 것이 가까울까?"

미래 질문

미래 질문은 과거의 잘못이나 경험보다는 앞으로의 가능성에 초점을 맞춘 질문이다. 그렇다고 과거의 질문이 전혀 필요 없다는 의미는 아니다. 하지만 질문을 통해서 미래를 미리 생각해봄으로써 미래에 대한 대비를 하게 하는 질문이다. 미래 질문을 잘 이용하면 상대방에게 희망을 주고 가능성을 이끌어내는 데 효과적이다.

"지금까지 어떻게 했나?"라는 질문보다는 "앞으로 어떻게 해나가고 싶은가?"

"시간 관리를 못했지?"라는 질문보다는 "앞으로 시간 관리를 어떻게 할 거지?"

긍정 질문

긍정 질문을 하면 상대는 자신감을 갖게 되고 대화에 흥미를 보인다. 그러나 아니다, 안 된다처럼 부정형이 개입된 질문은 자신감을 빼앗을 뿐만 아니라 가능성을 원천 봉쇄하는 것이다.

긍정 질문은 질문 자체를 더욱 밝게 해주고 대화의 진전을 불러온다. 반면, 부정 질문은 상대를 질책하는 뜻이 담겨 있으므로 자신을 방어하기 위해 대화에 소극적이 되며 오히려 일의 추진을 더디게 만든다. 긍정적인 질문을 통해 상대는 긍정적인 생각을 하게 되고 긍정적인 대화의 결과를 만든다.

"어째서 일이 잘되지 않는가?"보다는 "어떻게 하면 일을 잘 처리할 수 있겠는가?"

"왜 이렇게 사는 게 어려운 걸까?"보다는 "어떻게 하면 더 잘살 수 있을까?"

폐쇄형/개방형 질문

질문은 대체로 폐쇄형 질문과 개방형 질문으로 나눌 수 있다. 폐쇄형 질문은 선택이 불가능하고 오직 하나만 선택하도록 하는 질문이다. 반면에 개방형 질문은 사람들의 생각을 독려하고 토의를 이끌어 낸다. 상대방이 함께 참여해서 의견을 교환하게 하며, 심층적인 대답을 요구한다.

폐쇄형 질문은 "네" 또는 "아니오" 중에 하나만 선택해야 하므로 문제 해결을 위한 질문에는 사용을 자제해야 한다. 그러나 어떤 사실을 확인하는 의미로는 사용할 수 있다.

개방형 질문은 조사자가 특정한 질문에 대하여 제한된 지식을 갖고 있으며 응답자로부터 광범위한 반응을 얻고 싶을 때, 응답의 범위가 클 것으로 기대될 때, 응답자의 자발적인 응답에 관심이 있을 때, 그리고 응답자의 동기를 좀 더 깊이 있게 파고들고 싶을 때에 유용하다. 그러나 개방형 질문은 제시된 보기를 선택하는 것이 아니므로 응답하는 시간이 많이 걸리며, 응답 거부율이 높다.

폐쇄형 질문 : "커피 드시겠어요? 아니면 홍차 드시겠어요?"
개방형 질문 : "음료는 무엇으로 드릴까요?

폐쇄형 질문 : "오늘 또 지각했지? 내 말이 맞지?"
개방형 질문 : "요즘 들어 자주 지각을 하는데 무슨 일 있니?"

폐쇄형 질문 : "우리 클래식 들을까?"
개방형 질문 : "어떤 음악 좋아해? 어떤 곡을 들을까?"

때로는 폐쇄형 질문이 필요할 때가 있다.

일반적인 대화의 경우는 개방형 질문을 통해서 상대방과의 대화의 폭을 넓히는 것이 옳다. 그러나 영업사원의 경우는 다르다. 영업사원은 대개 고객을 만나서 설명을 하고 마지막 제품 판매 클로징 단계에 돌입할 땐 결단력 있게 끌어줄 필요가 있다. 대개 판매제품이 고가일수록 고객과 여러 번의 만남을 통해 체결이 이루어지는데 그중 고객이 스스로 판단하게끔 내버려두면 체결이 성사되지 않는 경우가 많다. 그래서 적당한 시점에서 판매사원이 질문을 통해 판매를 유도하는 경우가 있다.

–많은 제품 속에서 선택하지 못하고 있을 때
"고객님 어떤 제품으로 하실 건가요?"보다 "고객님! 제가 보기에는 A제품이 더 고객님께 어울리는 것 같은데, A제품과 B제품 중 어떤 제품으로 하시겠어요?"

–이미 마음속으로 한 제품을 선택하고 계산을 망설이고 있을 때
"계산은 어떻게 하실 건가요?"보다 "현금은 20% 할인됩니다. 고객님 계산은 카드로 하시겠어요? 현금으로 하실 건가요?"

이처럼 판매를 목적으로 할 때의 대화에서는 오픈형 질문보다는 적당히 둘 중 하나를 선택할 수 있게 This or That으로 해주는 것이 더욱 효과적이다.

212

좋은 질문에 좋은 답변이 나온다

화자가 질문을 잘하면 상대방은 쉽게 답변을 할 수 있다. 그러나 질문을 잘못하면 상대방은 오히려 답을 하기가 어렵다. 따라서 좋은 질문을 하는 데는 몇 가지 고려해야 할 부분이 있다.

● 질문은 명확하고 간결하게 해야 한다.

질문이 명확하고 간결해야 상대방은 화자가 무엇을 묻는 것인지를 쉽게 이해하여 대답할 수 있다. 또한 이러한 질문은 화자가 원하는 응답의 방향과 내용으로 바르게 유도할 수 있다. 그렇지 못하면 상대방은 화자의 질문 의도를 알지 못해 적절한 답변을 찾느라 고생하게 된다. 따라서 설명적인 장황한 질문이나 이중, 삼중의 중복적인 내용의 질문은 피해야 한다.

● 여러 가지를 물을 때는 질문을 계열화한다.

한꺼번에 여러 가지 질문을 동시에 해야 할 때는 생각나는 대로 임의의 순서로 물어서는 안 된다. 가장 먼저 질문해야 할 것부터 차례차례 물어 결론에 이르기까지 질문의 순서를 계열화하는 것이 바람직하다.

● 개인차를 고려하는 질문을 한다.

질문은 상대방에 따라 난이도를 고려해야 한다. 지적 능력이 높은 사람에게는 어려운 질문으로 자극을 주어 학습의욕을 일으켜주고, 학습능력이 부족한 사람에게는 쉬운 질문으로 성취감을 경험하도록 하여 자신감 있게 참여시키는 것이 바람직하다.

● 생각할 시간을 충분히 준다.

화자는 질문을 하고 일정한 기간을 기다려주어야 한다. 상대방은 시간을 두고 사고활동의 과정을 통해서 응답이 가능하기 때문이다. 5~15초 정도는 기다려주는 게 적당하다. 그러나 상대방이 계속 대답이 없는 경우에도 대신 대답해버리지 말고 오히려 단서나 힌트를 주거나, 문제를 쉽게 설명해주거나, 또는 비슷한 문제를 예시해 반응을 유도한다.

● 핵심에서 벗어나지 않아야 한다.

상대가 "다시 한 번 말씀해주시겠어요?"라고 하거나 더 심하면 "그게 이 문제와 무슨 관계가 있죠?"라고 한다면 질문이 핵심에서 벗어나고 있다는 증거이다. 이미 그 정도의 말을 할 정도라면 대화는 다른 방향으로 흘러가고 있는 것이다. 효과적인 질문은 핵심을 벗어나지 않고 핀트를 잘 맞추어야 가능하다.

● 상황에 적절하게 맞아야 한다.

상황이나 타이밍이 부적절한 질문을 받으면 상대방은 당혹스러워하고 분위기가 어색해진다. 목적과 상황, 분위기, 타이밍에 맞게 질문해야 한다. 만약 아차 하는 사이에 적절치 않은 질문을 했다면 재빨리 초점을 되찾아 상황을 반전시켜야 한다. 그러기 위해서는 상대를 미리 파악하고 현상에 대한 깊은 이해가 선행되어야 한다.

● 질문은 긍정적이고 건설적이어야 한다.

생각을 키워주는 질문을 하기 위해서는 항상 긍정적인 방향으로 이끌어야 한다.

"지각을 반복했을 때 어떤 벌칙을 주어야 할까요?" 하기보다는 "지각을 하지 않으려면 어떤 좋은 방법이 있을까요?"라고 한다면, 받아들이는 사람도 긍정적인 생각과 답을 제시할 것이다.

질문은 깊은 주의력과 섬세함을 요한다. 그러나 이러한 점들을 감안하여 질문한다면 상대의 생각을 자극하여 유용한 정보를 얻을 수 있을 뿐 아니라 대화 자체도 훨씬 부드러워질 것이다. 답을 미리 정하지 말고, 간단명료하며 핵심을 관통하는 적절한 열린 질문을 하자.

질문할 때 주의사항

· 너무 빨리 너무 많은 질문을 하지 않는다.

· 초점이 없거나 추측해서 대답해야 하는 질문은 하지 않는다.

· 단순한 기계적인 질문은 하지 않는다.

· 대답을 유도하지 않아야 한다. 질문을 이미 만들어진 답안에 끼
  워 맞춰서는 생각을 자극하지 못한다.

신나는 대답 듣기

상대방의 답변을 긍정적으로 받아들이면 상대방은 신나서 답변을 하게 된다. 그러나 상대방의 답변에 대해 화자가 부정적 태도를 보이면 상대방은 더 이상 성의껏 답변을 하지 않게 된다. 따라서 답변에 대한 응답 결과의 처리에도 깊은 관심을 기울여야 한다. 특히 상대방의 사고력과 창의력을 신장시키기 위해서는 다양한 답변에 대한 사려 깊은 응답을 해야 하는데, 방법은 다음과 같다.

답변은 긍정적 분위기로 수용해야 한다

질문을 잘하는 것만이 생각을 자극하는 것은 아니다. 답변을 받아들이는 방법에 따라서도 생각을 자극할 수 있다. 화자는 상대방의 답변이나 생각에 대하여 관심을 보이면서 귀 기울여 들어야 하며, 상대의 답변 내용에 대하여 깊게 이해하려고 노력해야 한다. 즉, 어떤 내용의 답변이라도 최소한 잠정적으로는 그것을 수용하고 받아들여야만 비로소 적극적인 질문과 화답이 활발하게 이루어진다.

또한 '맞다', '틀렸다' 처럼 반응할 것이 아니라 '그렇군요.', '그렇게 생각할 수도 있겠네요.' 등과 같은 말로 맞장구를 쳐주고 상대의 기를 꺾는 말씨보다는 긍정적인 반응을 많이 하는 것이 좋다.

"그렇구나, 그럼 (네)가 그렇게 행동하면 (나)는 어떻게 해야 할까?
(네)가 이 문제를 풀게 되면 (나)는 무척 행복할 것 같은데….
(내) 생각은 ~한데 (네) 생각은 어떤지 말해줄 수 있을까?"

질문은 상대방의 사고를 자극할 수 있는 문제점이나 의문, 또는 모순점 등을 제시함으로써 지식 전달의 수단인 단순한 답이나 기억 재생을 위한 질문이 되지 않도록 해야 한다.

성공적인 답변에 대해서는 칭찬과 격려를 아끼지 않는다

상대방이 답변을 잘하면 칭찬을 아끼지 말아야 한다. 또한 상대방이 어려운 부분이나 한계를 이야기하면 그에 적절한 격려를 해주어야 한다. 칭찬과 격려는 상대방의 의욕을 강화시켜 다음 문제 해결에 자신감을 주기 때문이다. 뿐만 아니라 답변에 대한 반응이 인격적인 대우를 받고 있다는 느낌을 주면 더욱 답변을 잘하게 하는 동기를 유발한다.

상대방 : "저는 자신감이 너무 부족해서 무슨 일이든 닥치면 두려

움이 먼저 생깁니다."

화자 : "네, 누구나 처음에는 그렇습니다. 당신은 대화를 통해서 자
신감을 얻어서 무슨 일이든 잘할 수 있을 겁니다."

질문에 대한 답변이 틀리면 구체적으로 이야기해준다

만약 상대방이 틀린 답변을 하면 무시하거나 핀잔을 주어서는 안
된다. 화자는 상대방의 답변에서 틀린 부분을 구체적으로 지적하고
기분 나쁘지 않도록 해결책을 제시해주어야 한다. 틀렸을 경우라도
진심 어린 격려가 담긴 칭찬으로 자기의 결점을 쉽게 찾도록 해주자.

상대방 : "저는 행복의 가치를 돈이라고 생각합니다."

화자 : "물론 돈이라고 생각할 수도 있지만, 그렇다면 너무 인생이
각박하잖아요. 그러니까 당신이 가진 능력을 행복의 가치라
고 생각하면 어떨까요?"

상대방을 편애하지 않고 이야기한다

회의나 토론 등 다수와 이야기할 때 화자가 편애해서는 안 된다.
어떤 사람의 답변은 받아들이고, 다른 사람의 답변은 배척한다든가
질책이나 방관하는 등의 불공평한 처리는 상대방의 반감을 부른다.
따라서 공평하고 객관적 입장에서 상대방의 말을 수용하고 결과도
같게 평가를 해야 한다.

〈쉽게 할 수 있는 자연스런 분위기 만들기 질문〉

1. 일과 관련된 질문

2. 취미와 관련된 질문

3. 지난번 만났을 때 화제와 관련된 질문

4. 요즘에 화제가 되는 시사나 정보에 관련된 질문

5. 건강에 관련된 질문

6. 의상이나 외모에 관련된 간접 칭찬 질문

7. 상대방의 최근의 관심분야에 관련된 질문

경청은 대화의 기본

경청하는 것은 대화 스킬에서 가장 기본이다. 좋은 질문과 경청이 대화의 양대 축이다. 한 연구보고에 따르면, 85% 이상의 사람들이 경청 능력에 있어서 평균 이하였고 5%에도 못 미치는 사람들만이 우수하거나 뛰어나다는 평가를 받았다고 한다. 대부분의 사람들은 남의 말을 잘 들으려 하지 않고, 다음에 무슨 말을 할까에 더 신경을 쓰기 때문에 결과적으로 자신이 청취한 전체 내용의 25%만을 경청하고 나머지 75%는 그냥 흘려 들어버린다고 한다.

상대가 이야기하는 동안 딴 생각을 하기 일쑤이거나 듣고 싶은 것만 골라서 듣기도 한다.

좋은 대화 상대가 되기 위한 여러 요소들 가운데 가장 중요한 것이 경청의 기술이다. 경청은 단순히 남의 말을 듣는 것이 아니라, 두 귀로 상대방을 설득하는 방법이다. 한자로 청(聽) 자에는 귀 이(耳)와 임금 왕(王)이 들어 있다. 귀를 왕처럼 크게 열라는 의미이다. 눈 목(目) 자가 있고, 그 아래 일심(一心)이 있다. 눈을 똑바로 뜨고 마음까지 열어서 보라는 의미이다. 듣는 행위가 얼마나 큰 의미를 지녔는지 한자의 구성요소만 봐도 알 수 있다.

가장 쉬운 경청 방법은 화자가 말할 때 침묵으로 받아주는 것이다. 침묵은 소극적 경청이라고도 하며, 경청 중에 아무런 말도 하지 않는 것은 수용한다는 것을 뜻한다. 소극적 경청은 상대방이 더 많은 이야기를 털어놓도록 격려하는 효과적인 비언어적인 메시지이다. 화자가 말을 많이 하면 상대방은 자신의 문제를 이야기할 수 없다. 내가 침묵하면서 상대방의 이야기를 수용하며 경청하면 공감과 온정을 전달할 수가 있다.

또한 경청하는 중에 상대방에 대해 깊은 관심이 있음을 표현하려면 상대방이 이야기하는 동안에 공감하고 있다는 메시지를 전달해야 한다. 예를 들면 고개를 끄덕이는 것, 몸을 약간 상대방 쪽으로 기울이는 것, 미소를 짓는 것, 얼굴에 표정을 나타내는 것, 그 외의 몸짓을 적절히 사용하면 상대방은 내가 자신의 이야기를 정성껏 듣고 있다고 느낀다.

가장 효과적인 경청을 적극적인 경청이라 한다. 효과적인 경청은 훨씬 더 많은 상호작용을 일으키고 화자는 단순히 듣기만 하는 것이 아니라 상대방의 속마음을 정확히 이해하고 그 증거를 제시할 수 있어야 한다.

상대방을 경청하는 가장 효율적인 기술은 메시지를 표현하지 않고 다만 상대방이 말한 메시지를 그대로 반영해주거나 다시 상대방의 반응을 반복해서 확인하는 종류의 언어적인 반응이다.

"아 그랬군요."
"오, 그랬어요?"
"그것에 대하여 좀 더 이야기해줄래요?"
"그것 참 재미있네요. 계속해보세요."
"그 결과 어떻게 되었는지 궁금하네요."
"그것에 대해 좀 더 자세히 말하고 싶지 않나요?"

이런 메시지들의 특징은 예, 아니오로 대답하는 대신 끝이 열린 질문이나 진술로써 자신의 생각을 이야기하도록 해주는 것이다. 또 상대방이 말한 내용에 대하여 어떠한 평가(옳다, 그르다, 좋다, 나쁘다 등)도 하지 않는다.

경청은 외형적인 표현만이 아니라 짧은 언어적인 메시지를 보내줌으로써 상대방의 이야기를 더 끌어낼 수 있다.

경청의 기술

외로움은 현대인이라면 누구나 가지고 있는 마음이다. 이런 마음들이 지나치면 우울증, 심하게는 자신의 존재가치를 부정하기까지에 이르는 질환에도 걸리게 된다. 군중 속의 고독이라는 말이 있듯이 우리는 수많은 만남과 관계 속에 살아가면서도 그 많은 사람들 중에 진정으로 나를 인정해주고 받아주는 친구를 찾기가 힘들다. 가족조차도 외면하고 살아가는 게 안타까운 요즘 현대인들의 삶이다.

서울 양재동에서 심리센터를 운영하고 있는 K원장은 자신의 센터를 찾는 고객이나 환자의 대부분이 가슴의 답답함과 두통을 호소한다고 말한다. 이러한 증상의 원인을 캐보면 자신의 마음을 들어줄 상대가 없다는 것과 자신의 상황을 이해하고 인정해주는 사람이 없다는 것이 대부분이다. 그래서 그곳을 찾아온 환자와 한참의 대화를 하

224

고 나면 환자는 이렇게 말하곤 한다. "누군가 나의 고민을 들어준다는 사실만으로도 힘을 얻는다." "이야기하고 나니 속이 풀린 것 같다." 그러면서 두통이 사라지고 가슴의 답답함이나 울렁증도 없어졌다며 훨씬 밝은 얼굴로 자리를 뜬다는 것이다. K원장은 그저 상대방의 이야기를 호감을 가지고 들어주기만 했을 뿐이다.

A라는 친구는 평소 유머 감각이 있고 사교성이 뛰어나 주변에 친구들이 많다. 대화에서 항상 본인이 주축이 되어 무리를 끌고 다니며 많은 인간관계를 과시한다. 언제나 본인이 주축이 되었던지라 남의 말을 들어주는 데는 익숙하지 않았다.

반면에 B라는 친구는 그 무리들 중의 하나로 조용해서 주목받지는 못했지만 언제나 친구들의 이야기를 들어주는 데 익숙했던 부드러운 친구였다.

친구들은 A를 부러워하고 그의 사교성에 박수를 쳐준다. 그러나 본인들이 힘들어하고 조언을 구하고 싶을 때 찾는 친구는 바로 B였다.

인간관계가 원만하고 활동적으로 보이는 사람일수록 상대방의 말을 경청하는 데 미흡한 경우가 있다. 본인은 스스로에게 나는 남보다 말을 잘하고 유머 감각이 있어서 사람들이 좋아한다는 위험한 착각을 하기도 한다. 오늘날 대부분의 사람들은 말을 못해서 들어주는 것이 아니라 당신이 들어줄 사람이 아니기 때문에 안하고 있다는 것을 명심해야 할 것이다.

이런 경우 대개 본인은 굉장히 인맥관계가 좋고 원만하다고 생각하지만, 진정 본인이 힘들 때 조언을 구하거나 도움을 줄 사람이 과연 몇 명이나 있을까를 떠올리면 공허함을 느낀다는 것이다. 내가 진심으로 상대방의 말을 경청하지 않는데 진심으로 나를 경청해줄 사람은 없다.

만약 상대의 말에 옳고 그름을 판단하며 들었다면 아무런 효과도 없이 오히려 무거운 마음만 더해서 돌아갔을 것이다. 남의 얘기를 아무 판단 없이 들어준다는 것은 분명 기술이다. 비교적 합리적이고 도덕적으로 올바르게 살아왔다고 자부하는 화자들에게 경청은 특히 어려운 일이다. 자기의 삶의 틀을 버리고, 도덕적인 판단을 유보하고, 오로지 잠잠히 상대방의 얘기에 귀 기울여야 하기 때문이다.

경청은 나의 모든 것을 집중하여 상대방의 대화가 가치 있음을 알려주는 대화기술이다. 말을 잘하려면 말을 잘 들어야 한다. 따라서 다음과 같은 조건들을 고려하면서 경청하면 효과가 높다.

● 잠재능력을 발휘하도록 대화를 유도한다.

화자는 모든 상대방이 궁극적으로 자신의 문제를 스스로 풀어갈 만한 능력이 있다는 신념을 가지고 무한한 잠재능력을 발산하도록 대화를 유도한다.

경청을 통해 상대를 존중한다는 느낌을 주면 화자는 자신의 내면에 있는 이야기들을 하게 된다. 내면의 이야기 중에서 긍정정적인 부분을 끌어내어 선정해서 집중으로 답하도록 하다 보면 상대방의 잠재능력을 발산할 수 있게 된다. 이처럼 경청을 효율적으로 활용하면 상대방은 자기 속에 있는 무한한 잠재능력을 쏟아놓을 것이다.

"들어보니 정말 좋은 생각을 하고 계시군요. 그렇게 하려면 준비해야 할 사항으로는 어떤 것들이 있을까요?"

● 바로 평가하지 않는다.

화자가 표현한 내용에 대하여 상대방이 어떤 느낌을 표현하든지 그 느낌을 그대로 수용할 수 있어야 한다. 화자가 말을 끝내자마자 바로 평가적인 용어를 사용하면 상대방은 답하는 것이 부담스러워서 다음부터는 반응을 보이지 않을 수도 있기 때문이다. 꼭 반응을 해야 하는 경우는 대화가 다 끝나고 오늘의 대화 내용을 정리하면서 화자가 생각한 내용을 종합적으로 알려주는 것이 좋은 방법이다.

(○) "네, 당신의 얘기를 듣고 보니 그때는 그럴 수밖에 없었겠네요. 중요한 건 앞으로의 일입니다. 마음을 편히 가지세요."
(×) "그렇지 않아요. 그건 당신이 오해하고 잘못 행동하셨네요."

● 말을 계속하도록 하게 한다.

경청하는 도중에 상대의 말을 반복하거나 후렴 형식으로 대꾸해주면 상대방은 흥이 나서 말을 이어간다. 내가 제대로 이해하고 있는지 확인하고, 상대에게 내가 잘 듣고 있음을 알려줌으로써 계속 말을 하도록 유도한다.

"네, 그런 일이 있었군요. 그래서 어떻게 되었나요?"
"네, 그렇습니다. 오늘처럼 교통이 혼잡한 날에 이곳까지 오시느라 정말 고생하셨겠어요."

● 마음으로 들어준다.

가장 좋은 듣기 방법은 마음으로 들어주는 것이다. 상대방에 대한 자신의 현재 생각이나 선입견, 고정관념을 가지고 경청하게 되면 건성으로 들어서 말하는 사람이 기분 나쁠 수도 있다. 따라서 화자는 진지한 마음으로 최선을 다해서 상대의 말을 들어주고 그때그때 반응을 보여주면 상대방은 기분이 좋아져서 마음의 문을 열고 대화를 하게 된다.

"들어보니 저도 마음이 아프네요. 그래도 굽히지 마시고 도전해 보세요."

"그랬군요."

"그 마음 이해가 되네요."

● 상대편의 입장이 되어서 들어준다.

화자와의 만남에서 쉽게 상대편의 마음을 열려면 상대방의 입장에서 모든 내용을 경청하면 좋다. 상대방은 화자의 경청 자세에서 자신을 배려하고 있다는 느낌을 받아 모든 이야기를 서슴없이 하게 된다. 이는 상대방의 상황을 분석하는데 도움이 된다.

"제가 들어봐도 선생님의 마음이 어땠는지 충분히 이해가 가요. 참 힘드셨겠어요."

"저라도 그렇게 했을 거예요."

● 들어주되 객관성을 유지하라.

화자는 상대방의 말을 경청하면서 공감할 수 있도록 노력해야 한다. 그러나 이때 자칫 대화 내용에 너무 몰입해서 힘을 주려다 보면 상대방의 말이 잘못되었음에도 불구하고 그냥 넘어가는 경우가 있다. 그래서 잘못된 대화 결과를 가져오기도 한다. 따라서 경청 도중에 화자는 상대방의 감정에 말려들지 않도록 자신의 주관을 유지해야 한다. 잘못된 부분이 인지되면 화자가 스스로 대화를 수정할 수 있도록 질문으로 유도한다.

"지금 말씀하신 것과 다른 방법은 없을까요?"

● 인내심을 갖고 들어준다.

대화하는 것이 습관이 안 된 사람은 횡설수설하는 경향이 있다. 이런 경우 화자가 답답하다고 대화를 중단해버리면 상대방은 마음을 다친다. 따라서 인내심을 가지고 들어주되, 대화를 통해 원하는 내용을 집중적으로 들을 수 있도록 유도하는 것이 좋다.

또한 상대방이 처음부터 문제의 핵심을 꺼내지 않는다는 점을 이해하고 처음에 장황한 이야기를 꺼내더라도 인내심을 발휘해 문제의 핵심을 찾도록 노력해야 한다.

"네! 좋은 말씀입니다. 그렇지만 그것보다는 좀 구체적인 방법은 없을까요?"

부인에게 사랑받는 통하는 대화법

현명하다고 말해준다

남편들은 부인이 세상물정을 잘 모른다고 생각한다. 그래서 부인이 어떤 일을 하게 되면 걱정이 되서 말리는 경우가 많다. 심한 경우에는 "당신이 무엇을 할 줄 안다고 그런 일을 해?", "집에나 있지 왜 일을 벌려?"라며 무시한다. 그러나 부인이 하는 일에 대해 이렇게 말해보자.

"당신 선택이라면 언제나 두말 않고 OK이지."

그러면 부인은 자신을 최고로 믿어주는 남편을 더욱 존경스러워할 것이다.

세련미를 칭찬한다

여성들은 남성들로부터 사랑받고 싶어 할 뿐만 아니라 나이를 아무리 먹어도 예쁘다는 소리를 듣고 싶어 한다. 그래서 남들보다 튀고 싶어서 때로는 화려하거나 어울리지 않는 복장을 입는 경우가 있다. 이럴 때 남편이 "제발 그만 망신 좀 줘.", "당신 때문에 창피해서 같이 못 나가겠어"라고 말하면 부인은 심한 우울감을 느낀다. 이럴 때 부인이 옷 입는 모습에 대해 진심으로 말해보자.

"당신이니까 어울리지, 이거 아무나 소화 못해."

"오늘 의상 아주 좋은데. 모델 뺨치겠어."

그러면 부인은 자신을 알아주는 남편에게 더욱 고마워할 것이다.

마음씨를 칭찬한다

오랫동안 같이 살다 보면 부인의 마음씨를 모르고 지나치는 수가 있다. 결혼 초에는 연약하거나 사랑스러운 마음이 있었음에도 아이를 낳고 생활력이 강해진 모습을 보고 억척녀라는 생각을 갖게 된다. 그러나 남편이 부인의 마음을 진심으로 이해하여 말해보자.

"당신처럼 마음 예쁜 여자가 내 여자라니 정말 흐뭇해."

"당신은 얼굴만 어려 보이는 게 아니라 마음도 소녀처럼 순수해."

그러면 부인은 자신을 마음을 진심으로 이해해주는 남편이 있어 더욱 행복하다고 생각할 것이다.

아름다움을 칭찬한다

부부는 오래 살다 보면 서로의 장점을 잊고 산다. 특히 남자는 신혼 때는 예뻐서 쫓아다녔다가도 매일 같이 살면 부인의 외모에 관심이 없어진다. 그러다 보면 화장하는 부인을 보고 "호박에 금 긋는다고 호박 되나.", "안 그래도 예쁜데 뭐하러 화장은 해"라고 부인의 예뻐지고 싶은 욕구에 찬물을 끼얹게 된다. 이럴 때 부인의 모습에 대해 진심으로 말해보자.

"당신은 나이가 들수록 아름다워지네."

"당신은 화려하지 않아도 품위가 있어 어디서나 빛이 나."

"역시, 당신 미소는 백만 불짜리야."

그러면 부인은 자신을 최고로 아름답게 생각해주는 남편이 더욱 사랑스럽다고 생각할 것이다.

말투와 목소리를 칭찬한다

부인은 아이들과 씨름하다 보면 처녀 때보다 목소리가 커진다. 때로는 남성들처럼 말투가 바뀌기도 한다. 이러한 상황에서 남편은 부인에게서 여성미를 느끼기보다는 중성미를 느끼게 된다. 이럴 때 남편이 부인이 말하는 것을 들으면서 진심으로 말해보자.

"난 당신의 목소리가 들으면 들을수록 편안해."

그러면 부인은 자신의 목소리가 좋다는 남편이 더욱 사랑스럽다고 생각할 것이다.

부인의 역할을 칭찬한다

남자들은 부인이 하는 가사노동에 대해서는 가치가 없다고 생각한다. 그래서 가사노동을 하는 부인이 커리어 우먼에 비해서 한없이 부족하다고도 생각한다. 이것은 부인에게 느낌만으로도 치명적인 아픔을 주게 된다. 따라서 남편이 부인이 하고 있는 가사노동의 가치를 높게 평가하고 진심으로 말해보자.

"당신이 없으면 우리 가족은 어떻게 살까."

그러면 부인은 자신의 어려움을 알아주는 남편에게 더욱 고마워할 것이다.

남편에게 사랑받는 통하는 대화법

능력이 있다고 말해준다

오랫동안 같이 살다 보면 남편의 능력을 인정하지 못하게 된다. 능력이 있어도 그것이 대단한지를 모르고 지낸다. 그러다 보면 똑같은 일도 신혼 때와는 달리 오랫동안 결혼생활을 하면 오히려 무시하는 경향이 있다. 결국 남편은 점점 집에서 집 밖의 일에 대해 말을 하지 않게 되고 대화가 줄어든다.

따라서 남편이 하는 조그만 일에도 이렇게 말해보자.

"나는 당신 능력을 믿어요."

"당신은 대단한 사람이에요."

"나 같으면 그렇게 못할 텐데, 역시 당신은 대단해요."

그러면 남편은 자신의 재능을 알아주는 부인이 예뻐 보일 것이다.

책임감이 있다고 말해준다

남편들은 결혼과 동시에 가정보다는 일에 몰두하곤 한다. 그러다 보면 부인은 가정에 무책임한 남편을 질타하고, 남편들은 돈만 벌어다 주고 욕만 먹는 자신의 신세를 한탄한다. 집에만 오면 자신감을 잃어버리는 힘없는 남편들에게 말해보자.

"가족을 위한 당신의 희생, 정말 존경해요."

그러면 남편은 자신의 역할이 중요한 것을 알아주는 부인이 고마워 보일 것이다.

용기 있다고 말해준다

남편들은 나이가 들수록 여성 호르몬이 증가하여 점차 자신감을 상실한다. 더욱이 직장에서 퇴직당하거나 위협감을 느낄 때는 더욱 그러하다. 이럴 때일수록 남편은 더욱 집으로 찾아들고 부인에게 의존하게 된다. 남편이 자신감이 없어 보이면 이렇게 말해보자.

"당신하고 있으면 정말 듬직하고 믿음직해요."

그러면 남편은 자신이 어떤 상황이 되어도 믿어주는 부인이 고마워 보일 것이다.

결단력 있다고 말해준다

남자들은 의외로 사소한 일에 목숨을 거는 경우가 많다. 그러다 보면 하지 말아야 할 일을 집안의 반대에도 불구하고 추진하게 되는 경우가 많다. 문제는 결단력 있게 진행하다가도 어려워지거나 빨리 결과가 나오지 않으면 자신의 일에 대해서 후회하고 한다. 따라서 남편이 선택한 일에 대하여 후회하고 있으면 말해보자.

"잘하셨어요. 계속 밀어붙이세요."

그러면 남편은 자신을 든든하게 후원하는 부인이 사랑스러워 보일 것이다.

정의로움을 칭찬한다

남편은 가정에서 자녀들에게 근엄한 아버지라는 것을 보이기 위해서 아이들을 혼낼 때가 있다. 또한 신문이나 TV의 뉴스를 보고 "저런 놈이 나라를 망치는 거야.", "저래서 잘되겠어?"라고 말하는 경우가 있다. 이럴 때 부인이 "당신이나 잘해"라고 하면 심한 좌절감을 느낀다. 따라서 남편이 세상이 올바르지 않아 한탄하고 있으면 말해보자.

"당신 같은 사람만 있으면 세상이 바로 설 텐데요."

그러면 남편은 자신의 의식을 지원하는 부인이 세상에서 제일 예뻐 보일 것이다.

관대하다고 말해준다

남편은 자신이 없는 일에 대해서는 대충 얼버무리면서 용서하는 듯이 넘어가려고 한다. 이럴 때 부인이 "남자가 되어 가지고 바보 같다.", "무슨 남자가 이래"라고 하면 한없이 약해진다. 따라서 남편이 세상에 대해서 자신감을 감추고 있으면 말해보자.

"역시 당신은 그릇이 커요."

그러면 남편은 자신의 이해해주는 부인이 세상에서 제일 인자해 보일 것이다.

성실하다고 말해준다

구속받는 남편일수록 부인의 눈치를 보게 된다. 그러다 보면 밖의 일에 대해서 둘러대거나 거짓말을 자주 하게 된다. 이럴 때 부인이 "당신이 하는 일은 모두가 거짓말이지?", "당신은 정말 불성실해"라고 하면 남편은 땅속으로 숨고 싶어 한다. 따라서 남편이 불성실해 보이면 말해보자.

"일년 365일 당신만큼 성실한 사람도 없을 거예요."

그러면 남편은 자신의 잘못을 알고도 용서해주는 부인을 더욱 어렵게 생각할 것이다.

위대하다고 말해준다

남편들은 누구나 자신이 한 일을 알아주기를 바란다. 자기 일을 알아주기를 바라는 사람일수록 자신의 일을 떠벌리기를 좋아한다. 이럴 때 부인이 "당신은 허풍쟁이야.", "당신은 잘난 척이 심해"라고 하면 남편은 부인이 한없이 얄미워진다. 따라서 남편이 자신에 대해서 자랑하면 할수록 말해보자.

"당신이 최고예요."

그러면 남편은 자신을 최고로 믿고 사는 부인이 더욱 고마울 것이다.

제**6**장

알면 약이 되고
모르면 병이 되는
생산적 대화법

우리 모두는 행복해지기를 원한다. 또한 행복해질 권리는 누구에게든 있다. 그러나 우리의 삶은 우리가 원하는 만큼 쉽게 행복을 주지 않는다. 매일 매 순간 수많은 사람들과의 관계 속에서 행복을 침해당하거나 바로 앞에서 놓치고 만다. 이러한 문제를 살펴보면 결국은 사람들과의 관계를 원만히 갖지 못하는 데에서 요인을 찾게 된다. 사람과의 갈등으로 인한 문제가 우리의 삶을 힘들게 하고 어려움을 겪게 하기 때문이다. 서로가 마음만 잘 맞는다면 아무런 문제가 없을 텐데 말이다. 마음을 맞추기 위한 방법으로 대화는 가장 중요한 요소이다. 그래서 대화를 잘하면 행복하고 성공적인 삶을 살아갈 수 있다. 대화는 앞에서 말했듯이 화자와 상대자가 서로 공감하고 뜻을 같이하여 좋은 결과로 이끌어 가는 중요한 과정이다.

대화를 성공적으로 만들기 위해서는 대화의 룰을 지켜야 하는데, 화자와 상대자 쌍방향이 서로 존중하고 서로의 있는 그대로를 받아들여야 한다는 마음의 기본을 바탕으로 대화를 해야 한다. 즉 암암리에 자신의 견해를 강요한다든지, 상대방을 거절하는 듯한 태도의 대화는 절대 금물이다.

경청의 실패는 대화 장애를 부른다

경청은 가장 중요한 대화의 기술이다. 따라서 경청을 잘하지 못하면 상대방과의 관계형성에 좋지 못한 결과를 가져온다. 경청은 상대방의 욕구를 자신의 욕구보다 우위에 두고 있다는 것을 알려주는 신호이다. 따라서 상대방을 대화에 적극적으로 참여시키는 과정이므로 경청에 실패하지 않도록 주의해야 한다.

화자는 상대의 반응에 따라 마음을 열고 계속 말을 해야 할지, 짧게 끝내고 말아야 할지를 결정한다. 생산적인 대화는 상대가 어떻게 받아들이느냐에 달려 있는 것이다.

"너의 말은 들어줄 만한 가치가 없어."

"나는 이제 너에게 싫증이 났어."

"네가 나를 대접해."

이런 식의 태도는 대화가 실패로 가는 지름길이다.

경청에 실패하면 결국 성공적인 대화가 될 수 없다. 경청에 실패하는 요인으로는 부정적인 판단과 이견을 들 수 있다.

판단은 상대방의 말에 대하여 화자의 입장에서 하는 가치평가를 말한다. 긍정적인 판단과 부정적인 판단으로 나눌 수 있다. 긍정적인 판단은 상대방이 말한 내용에 대하여 좋다는 반응을 보이나 부정적인 판단은 호의적이지 않은 반응을 보일 수밖에 없다.

긍정적인 판단은 "그건 좋습니다.""네, 그렇게 하셔야 합니다"와 같은 표현이고, 부정적인 판단은 "당신은 그렇게 해서는 안 됩니다!" "당신은 그러니까 문제입니다"와 같은 반응이다.

긍정적인 판단은 대화를 더욱 신나게 이끌어 가지만, 부정적인 판단을 내리는 순간 상대방은 화자에 대하여 두려움을 나타내고 결국에는 친밀한 관계를 저하시킨다.

이견은 상대방의 생각과 화자의 생각이 다름을 뜻한다. 대화 중에 화자가 상대방의 말에 이견을 보이면 상대방은 자신의 생각이나 행동에 대하여 방어하고 변명하게 된다. 따라서 이견이 생겼을 때는 중요한 것인지 아닌지를 분석하여 그다지 중요하지 않으면 상대방의 말을 수용하고, 중요한 경우에는 상대방이 화자의 말에 따르게 해야 한다.

그러나 화자의 이견에 따르게 하더라도 상대방의 정서적인 분위기를 파악하여 이견을 좁히려는 노력을 해야 한다. 즉 화자가 정서적으로 불안하거나 자신감을 상실한 경우에는 이견을 강하게 피력하기보다는 상대방을 배려하는 차원에서 대화를 유도하는 것이 좋다.

(×) "틀렸어요."

"그렇지 않아요."

"그렇지 않다고 생각해요."

"그건 믿을 수 없어요."

"거짓말 마세요."

(○) "꼭 그렇게 생각하시면 어쩔 수 없지만 그래도 보편적으로 이렇게 하셔야 성공할 수 있습니다."

대화에서 어느 정도의 판단은 필요하지만 그것을 말로 바로 표현하면 상대방은 일반적으로 자신의 가치(self-worth)가 저하됨을 느낀다. 상대방의 말에 바로 화자의 판단이 개입되어 반응하면 '너는 내가 필요할 수밖에 없어.' 또는 '너는 스스로 문제 해결을 할 수 없는 위인이야'라는 메시지도 전달하게 된다.

이처럼 판단은 상대방을 화자에게 의존하고 화자보다 하위에 위치하도록 만든다. 따라서 판단은 물론 판단 결과에 따른 표현도 신중해야 상대방이 자신의 가치를 높게 매기며 대화에 참여할 수 있다.

일시적으로 안심시키는 것이
능사가 아니다

일시적인 안심은 화자에게 실제로 문제가 있는데도 불구하고 일시적으로 상대방을 안심시키려고 막연하게 말하는 것이다. 이는 오히려 역효과를 낼 수 있으므로 신중하게 사용해야 한다.

"모든 일이 잘될 겁니다."

"곧 좋아지실 거예요."

이런 말은 듣기에는 좋지만 상대방은 자신의 문제를 무시하거나 경시하는 태도라고 생각할 수 있다.

상대방 : "나를 위해 최선을 다하고 있는 것은 알지만 하나도 나아지고 있지 않아요(눈물을 흘리며 우울해하고 있다)."

화자 : "당신은 곧 나아지실 거예요. 아무 걱정하지 마셔요(일시적인 안심, 대화를 피하기 위한 노력)."

상대방 : "직장에서도 이젠 나를 귀찮은 존재로 여기고….."

화자 : "제가 보기에는 별로 그렇지도 않은 것 같은데요. 걱정할 것
      이 못된다고 봅니다(화자의 느낌을 경시)."

상대방 : "모르겠어요(대화를 중단해버린다)."

위의 예에서처럼 일시적으로 안심시키는 것은 오히려 감정을 거부
당했다는 느낌을 주어 더 이상 자신의 문제를 화자와 이야기하지 않
게 된다. 아무리 화자가 자신감을 갖고 이야기하더라도 그런 말 자체
가 상대방에게 자신감을 주는 것은 아니다. 자신감은 어디까지나 스
스로가 느낄 때만이 갖게 된다. 따라서 화자는 상대방이 스스로 느껴
서 판단하기까지 지지해줄 수는 있어도 화자를 일시적으로 안심시키
려고 해서는 안 된다.

일시적으로 상대방의 마음을 편안하게 해주기는 하겠지만 결과적
으로 좋지 못한 결과가 나오면 오히려 상대방은 화자가 거짓말을 했
다는 생각에 불쾌감을 느끼게 된다. 좋지 못한 결과에 대한 정신적인
충격이 강하면 강할수록 화자에 대한 거부감과 함께 자신의 표현을
차단시키는 결과를 가져온다.

사람들은 형식적인 반응이
아니라 정직한 대답을 기대한다

반응은 상대방이 말한 것에 대하여 외부적으로 나타나는 언어나 행동을 말한다. 긍정적인 반응과 부정적인 반응 그리고 형식적인 반응으로 나눌 수 있다. 긍정적인 반응은 상대방이 말한 것에 대하여 진심으로 좋아하는 반응을 보이는 것이며, 부정적인 반응은 상대방이 말한 것에 대하여 나쁘게 반응하는 것이다. 형식적인 반응은 상투적인 반응과 문자적인 반응으로 나눌 수 있다.

상투적인 반응은 상대방의 질문에 대하여 화자가 의미 없는 대답을 하거나 진부한 대답으로 성의 없게 반응하는 것을 말한다. 문자적인 반응은 상대방이 말하는 즉시 반사적으로 반응하는 것으로, 깊게 생각지 않고 바로 대답하여 상대방이 자기 이야기가 무의미하다고 여기게끔 만들어버린다.

■ 상투적인 반응의 예

　화자 : "좀 어떠세요?"

　상대방 : "속상해 죽겠어요. 하는 일마다 안 돼요."

　화자 : "아유! 항상 부정적이시군요. 그러니 일이 잘 안 되지요

　　　　(상투적인 반응)."

　사람들은 자기가 하는 말에 대하여 관심을 가지고 진지하게 반응해주길 바란다. 그러나 상투적인 반응은 '너는 나에게 무의미한 존재야.' 또는 '나도 너하고 이야기할 시간이 없어' 라는 메시지를 전하게 된다. 결국 이러한 상투적인 반응은 대화 상대방의 개별성을 무시하고 모두 똑같이 취급하는 결과를 초래한다. 상대방은 섭섭해하고 대화의 효과를 저하시키는 요인이 된다.

■ 문자적인 반응의 예

　화자 : "지금 하시는 일이 멋있어 보입니다."

　상대방 : "그냥 그래요."

　여기에서 화자의 "지금 하시는 일이 멋있어 보입니다"라는 표현은 실제로 멋이 있거나 없거나의 정보를 얻기 위한 것이 아니다. 그것은 "나도 그렇게 되고 싶습니다. 방법 좀 알려주세요"라는 느낌의 표현이었던 것이다. 그러나 상대방은 "그냥 그래요"라고 성의 없이 문자적으로 반응을 보였기 때문에 화자는 찬물을 끼얹은 듯 망연자실하고 만다. 이러한 반응은 대화의 분위기를 썰렁하게 만든다.

화자 : "대화를 시작한 지 열흘이나 되었는데 아직 결과가 안 나오
　　　네요. 어떻게 하면 좋을까요?"

화자 A : "네, 그래요(문자적인 반응)."

화자 B : "조금 더 시간을 가지고 노력해보세요(문자적인 반응)."

화자 C : "효과가 빨리 나타나지 않아서 염려가 되지요? 우리 같이
　　　　문제점을 찾아볼까요?(반영)"

화자의 표현 가운데에는 문자적인 답변보다는 태도나 느낌에 대한
이해를 구하는 것이 많다. 그럴 때는 정직하고 상대방이 원하는 답변
을 해야 한다.

때로 상대방은 자기 자신의 느낌을 직접 표현하기보다 어떤 상징
을 사용하거나 숨겨진 의미가 있는 말을 하기도 한다. 따라서 신중하
게 상대방의 말에 담긴 속뜻이나 의미를 이해하려 하지 않고 그대로
반응하면 상대방은 화자가 자신의 감정을 이해하지 못한다고 생각하
기 쉽다.

대화의 효과를 높이려면 화자는 상대방의 말보다는 느낌에 반응하
는 습관을 키워야 한다.

충고는 신중하게

충고란 남의 결함이나 잘못을 진심으로 타이르는 것을 말한다. 대화에서 충고는 매우 중요한 테마이다. 화자의 진심 어린 충고를 통해서 상대방이 변화하기 때문이다. 그러나 충고는 상대방이 열등한 위치에 있으며 자신의 일을 결정할 만한 능력이 부족하다는 의미가 포함된다. 따라서 너무 쉽게 충고를 해버리면 상대방은 자신의 무능력을 지적당한 것 같아서 매우 불쾌해할지도 모른다. 따라서 충고는 웬만하면 하지 않는 것이 좋다.

충고를 잘못하면 아무리 친한 친구 사이에서도 '자기가 얼마나 잘났다고 감히 나에게 충고를 하지?', '자기는 얼마나 잘하길래?' 라고 생각할 뿐만 아니라 심하면 친구 사이에 금이 가기도 한다.

"인상이 너무 차가워 보인다는 얘기 들으신 적 없으세요?"

"너무 차가워 보여서 먼저 말을 안 걸어주면 말도 못 붙일 거 같아요."

"헤어스타일을 좀 바꿔보세요."

"그럼 되게 부드러워 보이실 것 같은데요."

주변에 간혹 이런 사람들이 있다. 나름 자기표현을 솔직하게 한다고 생각하겠지만 상대방에게 자칫 마음의 상처를 주게 된다.

따라서 충고를 할 때는 상대방이 스스로에 대한 문제점을 인식하고 고칠 수 있도록 해야 한다. 충고를 하더라도 상대방의 마음을 다치지 않게 하려면 이렇게 하는 것이 좋다.

상대방이 부담 없이 충고를 받아들이게 하려면 우선 상대방에 대한 화자의 주관적인 정보보다는 객관적인 정보를 제공해야 한다. 상대방은 객관적인 정보를 많이 제공할수록 자신의 잘못을 수정할 의사를 내보이지만 주관적인 정보는 반발을 불러일으킨다.

충고는 단순히 상대방의 결함이나 잘못을 타이르는 것보다는 상대방 자신이 화자가 제공한 정보를 바탕으로 스스로 판단할 수 있도록 해야 한다. 정보의 제공은 화자 자신이 결정할 수 있도록 어떤 사실에 대해서 지식을 제공해주는 것임에 비해 충고는 상대방이 스스로 의사결정을 하는 데 오히려 방해가 되는 것이다.

(×) "내가 생각하기에 당신은 시간관념이 없어. 그러니 고쳐야지 않겠어?"

(O) "일반적으로 성공한 사람들은 시간 약속을 잘 지킨다고 하니 당신도 성공하기 위해서 시간 약속을 잘 지키려는 노력을 하면 어떨까요?"

246

충고를 할 때는 어떤 행동에 대하여 바로 직접적인 표현을 하면 상대방은 자기 잘못을 인정하기보다는 지적한 사람이 야속하다고 생각할 수 있다. 따라서 어느 정도 시간이 지나서 간접적인 표현을 하는 것이 좋다.

(×) "당신은 너무 성급한 것이 탈이야. 바로 고칠 수 있지?"
(○) "A과장 알지? 그 친구가 너무 성급해서 항상 실수를 한데. 그래서 상사들에게 많이 찍혔나봐."

충고를 할 때는 문제 행동에 대해 바로 말하지 말고 긍정적인 부분을 칭찬하고 마지막에 충고를 하는 것이 좋다.

(×) "당신은 사람들에게 말을 함부로 하는 경향이 있어. 고쳐봐!"
(○) "당신은 사람들을 아주 편하게 하는 재주가 있어. 그런데 말을 하기 전에 조금만 더 생각하면 더욱 많은 사람이 좋아할 거 같아."

강요나 지시하는 말보다는 선택할 수 있는 기회를 주는 것이 좋다.

(×) "이렇게 하세요."
  "이렇게 하는 것이 더 좋겠어요."
(○) "이런 것도 있고 저런 것도 있는데, 어떤 것이 더 좋은가요? 제가 보면 이런 것이 더 좋은 것 같습니다."

거짓과 회피는 신뢰감을 떨어뜨린다

허위는 진실이 아닌 것을 진실인 것처럼 꾸며서 말하는 것을 뜻한다. 화자는 때로 상대방에게 사실이 아닌 것을 사실인 것처럼 꾸며서 선의의 거짓말을 해야 하는 경우가 있다. 칭찬이나 격려는 지금은 그렇지 않지만 나중에 그렇게 될 것이라는 열망을 담아 표현하는 것이다. 따라서 칭찬이나 격려를 할 때에 상대방과 너무 동떨어지거나 불가능한 말은 하지 말아야 한다.

선의의 거짓말은 상대방이 허위가 아니라고 받아들이면 문제가 없지만, 허위나 과장이라는 사실을 나중에 알게 되면 아무리 자신을 위한 것이라도 불쾌하게 여긴다.

화자가 말한 것이 허위라는 사실을 알게 되면 상대방은 추후에도 화자가 거짓말을 할 거라는 생각을 계속 잠재의식 속에 가지고 있기 때문에 대화가 지속되기 어렵다. 뿐만 아니라 신뢰도가 낮아져서 화자가 제공하는 사실적인 정보에 대해서도 상대방은 일단 의심하게 된다. 따라서 거짓말을 하지 말고 시종일관 진지한 태도로 임해야 한다.

  (×) "당신은 정말 한국 최고의 스피치 달인이야."
  (○) "정말 말씀을 잘하시는군요."
  (×) "지금은 어려운 환경이지만 앞으로 분명히 대통령이 될 거예요."
  (○) "목표를 세운다면 분명히 이루어질 것입니다."

  회피는 화자가 상대방이 말하는 중에 다른 문제로 말머리를 돌려버리거나 상대방의 질문에 대하여 다르게 말하는 것을 말한다. 회피는 화자가 더 이상 대화에 자신이 없거나 불안해서 자신을 보호하기 위해 일차적으로 사용하는 방법이다.
  화자가 상대방이 말하는 중에 화제를 돌린다든지 다른 제목의 화제를 준다는 것은 상대방의 발언권을 빼앗는 것이나 마찬가지다. 주제의 회피를 여러 번 당하면 상대방은 더 이상 대화를 진행하고 싶은 욕구를 잃어버리고 만다. 따라서 꼭 화제가 바꾸어야 한다면 상대방의 말이 끝났을 때 화제를 전환하는 것이 좋다.

  상대방 : "지금까지 경제에 대해서 이야기를 나누었는데, 이제 화제를 전환하는 의미에서 정치에 관한 대화를 나누면 어떨까요?"

상대방의 질문이 화자의 답변을 곤란하게 만드는 경우도 있다. 예를 들어 상대방의 호의가 마음에 들지 않은 경우나, 사실대로 말을 해버리면 상대방의 마음이 아픈 경우이다. 이러한 경우에는 생각과 다르게 대답할 수 있으나 상대방이 눈치 채지 않도록 해야 한다. 그러나 화자 자신이 어려워질 것 같으면 대화를 중단하는 것이 좋다.

상대방 : "준비한다고 했는데, 오늘 식사가 마음에 드셨나요?"
화자 : "네, 좋았습니다. 감사합니다."

상대방 : "오늘 제가 발표를 잘했지요?"
화자 : "네, 좋았습니다. 그러나 말을 조금 천천히 하시면 좋을 거
　　　같아요."

상대방 : "오늘은 내가 왜 인간적으로 부족한가를 알려주십시오."
화자 : "죄송하지만 제가 컨디션이 좋지 않아서 그러니, 다음에 다
　　　시 얘기하도록 하지요."

아프지 않게 비평하고
자존심 살리며 비평받기

비평은 사물의 옳고 그름, 아름다움과 추함 따위를 분석하여 가치를 논하는 것을 말한다. 대화과정 중에서 화자가 상대방의 행동 혹은 생각을 비평하는 것을 가리킨다. 비평은 화자의 입장에서 상대방의 말에 대한 가치 판단을 내린 결과이다. 따라서 비평은 상대방의 마음을 다치게 하거나 부정적인 생각을 갖게 하기 쉬우므로 조심해서 해야 한다. 비평을 효율적으로 하는 요령을 살펴보자.

비평을 하기 전에 미리 비평의 방법이나 비평의 강도를 결정해야 한다. 만약 즉각적으로 비평하거나 상황을 고려하지 않고 하면 오히려 반발하게 된다. 따라서 효과적으로 비평을 하고 싶다면 상대방의 상황을 예측하여 적절한 때와 장소를 미리 예고하고 개인적으로 비평하는 것이 좋다. 예를 들어 갑자기 여러 사람 앞에서 비평하면 상대방이 충격을 받거나 심하게 반발할 수 있다.

비평할 것이 있으면 둘러대지 말고 구체적으로 비평하는 것이 좋다. 예를 들어 "너는 언제까지 그럴 거니? 도대체 왜 그러니?"라는 말이 아니라 "네가 엄마를 도와주기위해 방청소를 해주면 좋겠는데 너의 생각은 어떠니?"라고 구체적으로 말하면, 상대방에게 비평이 아니라 격려하는 마음으로 들릴 것이다. 그리고 비평은 진지한 태도로 하되 너무 자주 하거나 길어지면 잔소리처럼 들려서 오히려 효과가 떨어진다. 또한 비평을 할 때는 부정적인 단어는 피하고, 야단하거나 질책하지 말고, 객관적이고 건설적으로 표현하는 것이 좋다

(×) "미쳤어."
"융통성이 없어."
"못된 놈."
"제멋대로야."
"꽉 막혔어."
"틀려먹었어."
(○) "자넨 일은 잘하는데 동료 직원들에게 인사만 좀 하면 더 멋있는 사람이란 소릴 들을 수 있을 거야."

우리는 세상을 살면서 비평을 할 뿐만 아니라 비평을 받을 수도 있다. 사람들은 비평을 받는 것보다 비평하는 것을 훨씬 편하게 생각한다. 비평받으면 누구도 마음이 편하지는 않을 것이다. 그러나 비평을 받을 때 마음의 준비가 되어 있으면 그나마 괜찮을지도 모른다.

만약 비평을 받게 되면, 그 비평이 공평한가를 판단하여 부당한 경

우는 그 이유에 대하여 반문할 수 있다.

　　상대방 : "선생님은 말씀을 어렵게 하십니다."
　　화자 : "어떤 부분이 어려운가요?"

　만일 공평한 비평이면 상대방에게 구체적인 해결방안을 물어본다. 하지만 상대방의 해결방안을 반드시 채택할 필요는 없다. 다만 고려 사항으로서 경청하고 나서 건설적인 비평을 해준 상대방의 노력에 감사의 뜻을 표시하면, 세련된 매너라고 볼 수 있다.

　　상대방 : "인관관계를 맺는 게 미숙해 보여요."
　　화자 : "그럼 어떻게 하면 좋은 인간관계를 맺을 수 있을까요?"

　비평을 들을 때 구차하게 자기비판적이거나 자기변명을 늘어놓지 않아야 하며, 비평이 불명확할 때는 명확하게 이야기해줄 것을 부탁한다. 예를 들면 "그 점은 이해가 안 되는데 정확히 이야기해주시겠습니까?"라고 한다.
　자신과 다른 견해라면 비평에 대해서 공격하지 말고, 당신의 의견을 정정당당하게 밝히는 것이 좋다.

　　상대방 : "잠이 너무 많아 보이세요."
　　화자 : "원래는 부지런한데 요즘은 몸이 피곤한지 잠이 많아졌네요."

부정과 방어는 대화의 단절을 가져온다

부정은 상대방에게 문제가 있는 것을 받아들이려 하지 않는 것을 말한다. 부정은 음성의 고저, 혹은 얼굴 표정으로 상대방에게 문제가 없다고 부인함으로써 상대방과의 대화를 차단시키고 상대방의 어려움을 도와줄 수 없게 한다. 또한 부정의 표현을 너무 건성으로 하거나 무의미하게 하면 듣는 상대방은 매우 불쾌하게 느낄 것이다. 따라서 부정의 표현은 상대방이 기분 나쁘지 않도록 진지하게, 구체적으로 해야 한다.

  (×) 화자 : "죽겠어요."
      상대방 : "어리석은 말 하지 마세요."

  (○) 화자 : "나는 보잘것없어요."

상대방 : "그럴 리가 없어요. 누구나 다 자기만의 장점이 있답니다."

방어는 상대방이 표현한 것에 대하여 일방적으로 막는 것을 말한다. 방어는 화자가 공격을 당하거나 불리한 입장에 처할 때 사용하는 것이다. 예를 들면 상대방이 화자에 대해서 불만스러움을 나타냈을 때, 화자가 "나처럼 대화를 잘 이끌어 가는 사람은 없을 거예요"라고 말하는 경우이다. 결국 방어는 상대방의 견해를 거절하는 것이며 '너에겐 불평을 호소할 권리가 없어' 라는 메시지를 전달하게 된다.

따라서 방어는 상대방과 의견이 격돌해 최악의 상황으로 몰고 갈 수 있기 때문에 방어의 표현을 하기 전에는 충분히 검토하는 것이 좋다. 조금만 참으면 별일 아닌데 방어를 하게 되면 대화가 완전히 실패로 돌아가기 때문이다.

선입견이 오해를 부른다

우리는 가끔 아니 자주 '잘 안다'는 선입견을 갖고 상대의 말을 들을 때가 있다. 특히 가까운 사람일수록 그런 습관이 발동을 한다. 상대를 잘 안다는 미명하에 그 사람의 생각까지 잘 안다는 착각을 하게 되는데, 그 사람을 아는 것과 그 사람의 생각을 아는 것은 아주 큰 차이가 있음을 명심해야 한다.

그 사람의 외형적인 모습과 조건 등은 변하는 주기와 모습이 객관적인 형태를 띠고 있다. '그 사람을 잘 안다'라고 했을 때의 의미는 그 사람의 외형적 모습과 조건들을 안다는 것이다. 그러나 사람은 누구나 생각이라는 넓이도 폭도 잴 수 없는 큰 보자기를 가지고 있다. 그 보자기는 사각의 것을 쌀 때는 사각의 모양이 되고, 둥근 것을 쌀 때는 둥근 모양이 된다. 어떤 때는 하늘을 덮을 정도의 넓은 것이 되었다가, 어느 때는 좁쌀 한 알도 싸맬 수 없을 정도로 작고 초라하기 그지없다. 그러한 생각의 보자기를 어느 누가 '잘 안다'라고 할 수 있 겠는가.

또한 사람은 하루에도 오만가지 생각을 한다. 그 중에는 유익한 생 각과 쓸데없는 생각이 있을 것이다. 사람의 말이란 그러한 생각들을 가지런히 정렬하여 상대가 이해할 수 있도록 들려주고 보여주는 것 이다. 그러나 과연 말이라는 게 그렇게 수시로 변하는 복잡다단한 생 각들을 전부 잘 표현할 수 있을까. 하물며 그 모든 것을 '안다'라고 하는 것은 나뭇잎 흔들리는 소리만 듣고도 그 나무가 몇 년생의 어떤 나무인지 알겠다고 장담하는 것과 마찬가지일 것이다.

또한 '잘 안다'라는 선입견을 가지고 상대의 말을 들으면 끝까지 듣기가 힘들어진다. 수업시간에 교사가 너무나 잘 아는 내용만을 되 풀이한다면 십중팔구 학생들은 한눈을 팔게 된다. 내가 잘 아는 이야 기를 상대가 하면, 그의 말에 집중하기보다는 자신이 그의 생각에 끼 어들어 먼저 아는 척하고 싶어질지도 모른다.

'잘 안다'라는 선입견을 가지고 상대의 말을 들으면 성급하게 상 대를 판단해버릴 가능성이 크다. 혹시 아래와 같은 잘못된 선입견과 편견으로 상대를 판단하고 있지는 않은지 생각해보자.

'상대는 이미 그 일을 수행하지 못한 전적이 있으므로 여전히 잘 해내지 못할 것이다.'

'상대는 이미 과오가 있기 때문에 그가 말하는 다른 내용도 과오가 있거나 이롭지 못한 말일 것이다.'

'상대는 나를 좋아하지 않기 때문에 나에 대해 비판만을 할 것이다.'

'상대는 가진 것이 없기 때문에 가진 사람을 못마땅해할 것이다.'

'상대는 예전에 그 일을 수용하지 않았기 때문에 이번에도 동의하지 않을 것이다.'

이와 같은 성급한 판단은 화해나 타협의 빌미조차 주지 않고 일을 포기하게 하거나 부정적인 모습으로 만들어놓는다. 긍정이 긍정을 낳듯 부정은 더 큰 부정을 낳는다.

회사생활 첫 이미지가 정말 중요하다며 입버릇처럼 말하는 친구가 있다. 그 친구는 면접 때 높은 점수를 받고 입사하게 되었는데, 첫 출근 한 달간 회사 관련 교육을 듣는 중 공교롭게도 심한 독감에 걸렸다.

감기약 기운에 밀려드는 졸음을 참을 수 없었던 그는 상사들에게 느슨한 사원으로 찍혀버렸다. 아무리 본인이 노력을 해도 "저놈은 회사 다닐 준비가 안 된 놈이야. 연수중에 맨날 졸던 놈 아냐?" 하면서 그를 인정해주지 않더라는 것이다.

분명 독감으로 인한 힘든 상황이어서 힘들게 교육을 이수했지만 진정 그것을 이해해주는 사람은 아무도 없었다. 게다가 능력을 인정받을 만한 일임에도 불구하고 "니가 웬일이냐?"고 비아냥대면서 인정해주지 않아 어쩔 수 없이 회사를 옮기게 되었다.

회사가 필요로 하는 인재였으나 선배사원들의 잘못된 선입견으로 인해 후배사원을 잃어버리는 안타까운 일을 주변에서 흔히 볼 수 있다. 선입견으로 끝없는 오해를 하면 오해받는 당사자는 극심한 고통에 시달리리라는 점을 기억해야 할 것이다.

　"어쩐지, 내 이럴 줄 알았다니까."
　"참, 너무하네. 또 자네야?"

　이와 같은 편견과 선입관성 발언은 답하는 사람을 죄인처럼 만들 어버린다.
　어떠한 대답도 하기 싫거나 변명으로 들릴 것이라는 것을 알기에 입을 닫게 된다. 또는 대화의 여백도 없이,

　"어젠 왜 늦었어?"
　"어디 갔었는데?"
　"누구랑 갔었는데?"
　"꼭 거길 가야 했어?"
　"그런데 왜 늦었어?"
　"또 갈 거야?"

　이쯤 되면 상대는 질려버려서 왜 자신이 추궁당해야 하는지 가늠 하기 힘들어진다.
　질문의 목적을 확실하게 생각해야 하며, 질문에도 한국화처럼 여 백이 있어야 감정이 끼어들기 전에 편안한 호흡을 한 후 대화를 이어 갈 수 있다.
　그렇게 한 번 두 번 상대의 생각까지 미리 짐작하여 판단하면 오해

가 되기 쉽고 더 이상의 관계 진전은커녕 인간관계 자체에 큰 흠집이 가고 말 것이다.

'저 사람은 나랑은 맞지 않아.' '나랑 코드가 달라.' '말이 통하지 않아.' '말귀를 못 알아들어' 라는 얘기가 나오는 것은 '잘 안다' 는 선입견을 가지고 미리 판단하여 듣기 때문이다.

따라서 상대를 오해하지 않고 있는 그대로를 보려면 대화하면서 선입견을 갖지 말아야 한다. 상대의 말에 집중하여 차분히 귀 기울여 듣고, 말속의 의미를 공감하기 위해 열린 마음과 빈 마음으로 온전히 받아들이는 자세가 중요하다.

화내지 않고 갈등 해결하기

갈등이란, 인간의 정신생활을 혼란하게 하고 내적 조화를 파괴하는 상태라고 심리학에서는 말한다. 갈등상태란 두 개 이상의 상반되는 경향이 거의 동시에 존재하여 어떤 행동을 할지 결정을 못하는 것을 의미한다. 사람과 사람이 관계를 맺으면 가정에서, 직장에서, 사회생활을 하면서, 모든 관계 속에서 갈등을 피할 수는 없다. 남녀 간의 갈등, 직장에서의 갈등, 부모자녀 간의 갈등 등 세대와 환경과 사고방식이 다르기 때문에 같은 사안에 대한 문제 해결 방식도 다를 수밖에 없다.

인터넷 취업 포털 잡링크(www.joblink.co.kr)가 직장인 1,230명을 대상으로 '상사와의 갈등을 어떻게 해결하는가?' 라는 설문조사를 실시한 결과, 32.4%(398명)가 '술자리 등 인간적으로 대화할 수 있는 자리를 만든다'고 응답했다. 인간적인 대화에 이어, '혼자 삭인다'는 응답도 25.1%(309명)를 차지했으며, '동료들과 이야기를 통해 푼다'는 16.8%(207명), '가급적 더 큰 마찰이 생기지 않도록 피한다' 11.6%(143명), '회의나 면담 요청 등 업무적으로 해결한다'는 9.5%(117명), '기타' 의견이 4.6%(56명)이었다.

갈등을 해결하려면 갈등의 원인을 알아야 한다. 갈등이 일어나는 이유에 따라 결과가 달라지기 때문이다. 갈등의 원인은 크게 대화의 부족이나 대화의 차이 때문에 생긴다.

당신이 아무리 말을 잘하는 사람일지라도 상대는 나와 다른 생각을 하게 마련이다. 실제로 우리는 갈등이 생기면 말을 많이 한다, 그런데도 왜 갈등은 해소되지 못하는 걸까? 사람들은 자기 말만 하고 같은 이야기를 반복하면서 상대방이 자신의 말을 듣지 않는다고 화를 내기도 한다. 이런 상황이 되면 대화의 룰은 깨어지고 자신의 권리만을 주장하는 말들로 서로 대립관계가 되어 평화는 사라져버린다.

갈등은 조직이 수평적 그리고 수직적으로 나뉘어져 있기 때문에 벌어진다. 이런 구조적 차이는 통합의 문제를 야기한다. 이로 인해서 자주 나타나는 문제가 바로 갈등이다. 개인은 목표, 의사결정의 대안, 성과표준, 자원배분 등에 있어 완전히 동의하지 않는다. 이는 조직 자체의 구조적인 문제 때문에 발생하는 것이다. 갈등의 원인은 개인적으로 차이가 있기 때문이다. 그러한 차이는 함께 협력하여 일하는 것을 어렵게 만든다. 개인의 배경, 교육, 경험, 그리고 훈련과 같은 요인이 개인을 나름대로 고유한 형태의 가치체계를 가진 독특한 성격의 소유자로 만든다. 이러한 개인적 차이가 갈등을 일으키는 것이다.

이런 여러 갈등을 지혜롭게 해결하지 못하면, 개인이나 조직에게 부작용과 상처가 생기게 마련이다. 하지만 서로 감정이 격해져서 싸움으로 갈등을 해결했다면 오히려 앙금이 남아서 갈등을 해결한 보람이 없게 된다. 따라서 화내거나 싸우지 않고 서로의 감정을 상하지 않는 범위에서 갈등을 해결해야 이해의 폭이 넓어지고 조직에 생기를 불어넣어줄 것이다.

화내지 않고 갈등 해결하는 방법

· 갈등의 문제가 무엇인가 생각하고, 문제의 소유권이 누구에게 있는지를 파악한다.
· 화난 감정을 조절하거나 진정이 된 후 말로 잘 표현한다.
· 함께 이성적으로 대화할 수 있는 계획을 세운다.
· 문제 중심으로 상대방의 인격을 존중하는 자세로 대화하며, 말하기 기술과 듣기 기술을 사용한다.
· 문제 해결과 관련된 각자의 소망을 구체적으로 말한다.
· 모두에게 도움이 되는 방향으로 자기가 할 일을 구체적으로 선택한다.
· 자신의 행동계획이 실천 가능한지 검토하고 실천한다.
· 감정이 상하거나 의견차이가 있으면 언쟁을 피하거나 누적시키지 말고 진솔한 대화로 해소한다.

통하려면 7 : 3 법칙을 지켜라

"우리 와이프하고는 얘기가 안 통해요."

"우리 남편하고는 대화 자체가 안 되더라구요."

"우리 부부는 대화만 하려고 하면 싸워요. 그래서 이제는 싸우기
싫어서 아예 대화 자체를 안 해요."

요즈음 이런 유형의 부부들이 점점 늘고 있다. 괴로움도 즐거움도
함께하는 동고동락(同苦同樂)의 소중한 관계일진대, 통하는 것은 고사
하고 대화 자체를 하지 않는 무늬만 부부인 사람들이 늘고 있으니 참
으로 안타까운 일이 아닐 수 없다.

왜 우리는 배우자와 말이 통하지 않는다고 느끼는 것일까? 그에
대해 커뮤니케이션 학자와 심리학자들은 남자와 여자의 대화를 나누
는 목적이 서로 다르기 때문이라고 한다.

여자들은 지금 느끼는 감정을 그대로 말하고 싶어서 대화를 한다. 옳든 그르든 나의 심정과 상태를 상대방이 공감해주고 맞장구를 쳐주기 바라면서 말이다. 그러나 남자들은 다르다. 남자들은 대화 속에서 문제를 해결하는 데 초점을 맞춘다. 그러다 보니 문제에 대한 해결책이 보이지 않으면 그 해결책이 떠오를 때까지 입을 열지 않는 것이 보통이다.

어느 날 아내가 남편에게 "오늘 속상해 죽는 줄 알았어요"라고 했을 때, 남편은 '무슨 일로 그러는 거지? 내가 뭘 해야 하지?' 라는 식의 문제 해결 태세를 갖추게 된다.

아내는 왜 속상했는지에 대해 이렇게 얘기한다.

"회사에서 팀장이 날 불러서 직원들 앞에서 무안을 주는 거예요. 얼마나 민망하던지…."

이쯤 되면 남편은 이렇게 말한다.

"그 팀장한테 톡톡히 미운 털이 박혔군. 그러게 잘 좀 하지. 회사가 그렇게 호락호락하지 않다는 것을 당신도 알잖아. 업무처리는 신속히 하고, 또…."

말이 채 끝나기도 전에 아내의 얼굴은 붉으락푸르락 목소리 톤이 높아진다.

"뭐라구요?"

아내는 그저 속상한 자신의 감정을 알아주고 보듬어달라는 얘기였을 뿐이다. 무엇 무엇이 잘못이고, 어떻게 문제를 풀어가야 할지를 물어본 것이 아니다. 그런데 남편 입장에서는 직장에서 마음이 상한 것도 안쓰럽긴 하지만 앞으로 그런 일을 다시 겪지 않기 위한 방법을 제시해주고 싶은 것이었다.

이러니 남편과 아내가 같은 문제에 대해서 수다를 떨거나 진지하게 얘기를 나누기가 힘들어진다. 잘못하면 부부싸움으로까지 이어져서 애초에 얘기를 꺼내지 않으니만 못하게 되는 것이다.

남녀 대화에서 벌어지는 차이가 부모자식 간의 대화에서도 일어난다. 부모들 역시 아이들과 이야기하다 보면 반드시 해결책을 제시해야 한다는 생각을 하게 된다.

"학교 가기 싫어요"라는 말에 부모들을 이렇게 말하곤 한다.

"학교는 가기 싫다고 안 가는 데가 아니다. 어서 일어나서 정신 차리고 가."

"쓸데없는 소리 말고 어서 학교 가라."

"너 또 학교에서 무슨 사고 쳤지?"

"그럼 니가 나가서 돈 벌어 와라. 내가 학교 갈 테니…."

아이도 그 정도쯤이야 다 알고 투정 한 번 부려본 것일 뿐인데 말이다.

부모의 반응을 보고 아이는 다시는 이런 기분을 얘기하지 않겠다며 말문을 닫아버린다.

우리가 대화를 나누는 유형에는 두 가지가 있다. '공감하는 대화'와 '교훈을 주는 대화'가 그것이다. 공감하는 대화는 상대의 감정과 상황을 무엇보다도 먼저 헤아려주는 대화이다.

"오늘 속상해 죽는 줄 알았어요"라는 아내의 말에 남편이,

"직장에서 기분 언짢은 일 있었구나. 힘들지?"

"맥주 한 잔 할까?"

"누가 우리 예쁜 자기를 힘들게 했을까."

라고 말해주는 게 바로 공감하는 대화이다.

"학교 가기 싫어요."라는 아이의 말에,

"학교에서 무슨 속상한 일 있었구나."

"아빠도 회사 가기 싫은 날이 있는데 너도 오늘 그렇구나."

라고 말해주는 것 역시 공감하는 대화이다.

이를 통해서 아내와 아이는 자신의 감정을 이해해주는 것에 대해 동질감을 느끼고 얘기하길 잘했다며 안도하게 된다.

그렇게 상대의 감정을 이해해주는 것은 큰 의미를 갖는다. 마음의 빗장을 열게 하여 그 다음에 주어질 가치와 옳고 그름을 판단하는 말을 받아들이게 한다. 만약 이러한 공감하는 대화의 과정 없이 바로 이것이 옳고 저것은 그르다, 그럴 때는 이렇게 해야 한다는 식의 가치를 전하는 말만 한다면 받아들이기는커녕 오히려 더욱 감정이 상하고 말 것이다. 공감하는 대화는 강요나 주입식이 아니기 때문에 자신의 선택에 대한 강한 의욕을 불러일으킨다. 선한 동기를 끌어내고 실천을 강화하게 되는 것이다.

한편, 교훈을 주는 대화는 남편이 아내를(아내가 남편을), 부모가 아이를 훈계하거나 교육시키는 형태의 대화이다. 그러므로 자신이 생각한 가치나 교훈을 일방적으로 상대에게 주입하게 된다. 예를 들면 "직장생활에서는 반드시 지킬 것이 있다.""공부를 열심히 해야 한다.""하기 싫어도 해야 한다." 등등 상대의 잘못을 지적하고 옳은 의견 제시가 모두 교훈을 주는 대화에 포함된다.

이러한 대화만을 하면 상대는 어느 새 항상 옳은 말만 하는 남편

(아내)이나 부모에게 방어적 자세를 취하게 된다. 지적하는 것은 직장의 상사나 학교의 선생님만으로도 충분하다고 생각한다. 교훈을 전하는 사람 역시 항상 옳은 말만 하다 보면 상대의 잘못을 지적할 일이 많아져서 스스로도 대화에 피곤을 느끼게 된다.

그러므로 공감하는 대화와 교훈을 전하는 대화를 적절히 사용해야 한다. 상대의 기분과 생각을 이해해주어야 하고, 그러면서도 올바른 가치와 해결 방안을 찾아가는 역할을 함께해야 한다. 가장 권하고 싶은 형태는 공감하는 대화와 교훈을 전하는 대화의 비율을 7:3 정도로 하라는 것이다. 공감하는 대화의 비율이 더 높을수록 상대는 자신을 더 많이 드러내 진실한 대화를 나누기 쉬워진다. 그런 다음 가치를 전하거나 옳은 방안을 함께 생각해보는 시간을 갖는다면 거부감이나 방어태세 없이 자연스럽게 받아들일 것이다. 이것을 통하는 대화의 7:3 법칙이라고 한다.

주의해야 할 대화기술

구 분	설 명	예
일시적인 안심	불안해할 이유가 없다고 말함 상대방의 문제를 무시하거나 경시하는 태도	나는 …에 대해 걱정하지 않아요. 모두 잘될 거예요. 당신은 잘해나가고 있어요.
상투적인 반응	의미 없는 대답을 하거나 진부한 대답으로 성의 없게 반응하는 태도	네, 잘하고 계시네요. 곧 좋아지실 거예요. 걱정 마세요. 다 그렇습니다.
문자적인 반응	말하는 즉시 반사적으로 반응하는 태도	그냥 그래요. 대충 하세요.
충고	상대방에게 어떻게 하라고 말함	나는 당신이 …해야 한다고 생각해요. 당신은 왜 …하지 않아요. 이렇게 하세요.
거부	상대방의 생각이나 언행에 대해 수긍하지 않거나 경멸함	지금 시간이 없는데요. 그런 것은 말하지 마세요. 그런 것은 이야기하고 싶지 않아요.
이견	상대방의 생각을 반대함	그건 틀려요. 그렇지 않아요. 나는 그것을 믿지 않아요. 거짓말 마세요. 그렇지 않다고 생각해요.
비평	상대방의 언행이나 생각을 비난함	그건 좋지 않아요. 저는 오히려 당신이 하지 않는 편이 낫다고 봐요.
주제의 회피	화제를 다른 데로 돌리는 것	다른 이야기를 하죠? 그것보다 중요한 이야기가 있어요.
부정	상대방의 문제를 받아들이지 않으려는 것	그건 안 돼요. 그렇게 하지 마세요.
방어	구두공격으로부터 어떤 것을 보호하려고 시도함	저는 평판이 좋은 사람입니다. 그건 그렇지 않습니다.
선입견	상대방을 미리 판단하여 대화를 받아들이지 않는 것	저 사람은 문제가 있는 사람이야. 저 사람은 대화할 가치가 없어.

장사 잘되게 하는 고객과 통하는 대화법

고객에 따라 대화방법이 달라야 한다

고객의 수준은 천차만별이다. 고객마다 직업, 학력, 경제력, 심리적 상황 등이 다르기 때문에 모든 고객에게 똑같은 투로 말하면 싫어하는 고객이 많다. 따라서 매장을 찾아온 고객의 수준에 맞는 눈높이 대화가 훨씬 더 대화의 분위기를 부드럽게 할 뿐만 아니라 구매로 연결될 가능성도 높다. 사람마다 좋아하는 음식이 다르듯 좋아하는 대화도 다르기 때문에 대상이나 상황에 따라서 대화 내용을 맞춰가야 한다. 상대방의 입장을 고려해서 말을 해주는 사람을 만나면 감칠맛 나는 사람이라고 인정받아 고객이 몰리게 된다.

진심으로 하는 말이 고객을 움직인다

"최고의 장사는 진정성에 있다"라는 말이 있다. 즉 고객의 마음을 움직이려면 고객을 대할 때 거짓없는 참된 마음을 보이도록 대화를 하는 것이다. 고객이 매장에 들어오면 진심으로 반가워하는 인사를 시작으로, 고객의 입장에서 물건을 구매하는 데 불편함이 없도록 대화를 진행해야 한다. 예를 들면 상투적으로 "어서 오세요"라는 말보다는 "저의 매장을 방문해주셔서 감사합니다"라는 말이 좋으며, "이 상품은 좋은 상품입니다"라는 말보다는 "이 상품은 고객님의 품격에 딱 맞는 좋은 상품입니다"라는 말이 고객을 더욱 감동시킨다.

유머 있는 대화로 고객을 즐겁게 한다

유머가 풍부한 사람들은 어딜 가나 인기가 많다. 그들과 함께 있으면 무얼 해도 즐겁기 때문이다. 그래서 그들 주변은 항상 사람들로 북적이며 그들은 어딜 가나 주목을 받는다. 고객과의 접점에서도 마찬가지다. 무뚝뚝한 직원보다는 유머 있는 직원이 고객을 즐겁게 하므로 자석처럼 고객들을 끌어당긴다. 따라서 직원이 밝은 표정으로 고객에게 즐거운 대화를 하면 의외로 고객의 협력과 지지를 쉽게 이끌어낼 수 있다. 그래서 유머 있는 직원은 고객에게 인기가 좋을 수밖에 없다.

권유하는 말로 고객을 망설이게 한다

고객과의 대화에서 단정적으로 권유하는 것보다는 말을 권유하는 의문형으로 끝내면 고객은 망설이게 된다. "이 물건은 새로 나온 신제품입니다. 사시면 후회가 없습니다"라고 단정적으로 말하면 사지 않아도 된다는 생각을 하지만, 똑같은 말이라도 "이 물건은 새로 나온 신제품입니다. 사보시는 게 어떻겠습니까?" 하고 권유하는 의문형으로 끝내면 고객 입장에서는 '어쩌지? 거절해버릴까?', '사는 게 좋을까' 라는 갈등을 하게 만든다.

상대방의 말과 행동을 통해 읽는다

매장을 찾은 고객을 가장 편하게 하는 방법은 고객의 말이나 행동을 보고 고객이 원하는 것을 정확히 판단해 거기에 따라 상품을 권하는 것이다. 따라서 고객이 표현하는 형식적인 말에만 귀를 기울이지 말고 고객이 표현한 말이나 행동의 이면에는 어떤 의미가 있는가를 분석하여 판매를 위한 대화를 진행한다면 고객의 마음을 사로잡을 수 있다.

대화에는 주고받는 것이 있어야 한다

매장을 찾은 고객이 침묵하는데도 직원이 일방적으로 설명한다고 해서 꼭 매출로 연결되는 것은 아니다. 오히려 조용히 혼자 상품에 대한 평가를 한 후 선택하려는 고객에게는 역효과가 나기 쉽다. 상호작용이 있어야 고객의 반응을 살필 수 있다. 따라서 대화는 주고받아야 하는 것이기에 고객이 더 이상의 대화를 하지 않는데도 일방적인 설명을 하는 것은 자제하는 것이 좋다.

단점을 먼저 말하고 장점을 나중에 말한다

직원의 입장에서 상품을 팔기 위해서는 장점만을 말해야 한다. 그러나 고객의 입장에서는 당연히 상품에 단점도 있다고 생각하게 마련이다. 따라서 장점을 말하고 단점을 알리는 것보다는 장점을 말하고 단점은 나중에 알리는 것이 좋다. 예를 들면 "품질은 매우 좋지만 가격은 조금 비쌉니다"보다는 "가격은 조금 비싸지만 품질은 매우 좋습니다"라는 표현을 고객은 선호한다. 이유는 고객의 입장에서 심리적으로 대화의 앞부분보다는 뒷부분이 머릿속에 남기 때문이다.